La Terre
notre avenir

David Burnie

Consultant
Philip Whitfield

Traduit de l'anglais par
Jean-Philippe Riby

HURTUBISE
HMH

www.dk.com
Conception Kitty Blount
Direction artistique Mark Regardsoe
Directrice éditoriale Fran Jones
Production artistique, Julia Harris
Édition Sue Grabham
Recherche iconographique Christine Rista, Amanda Russel
Fabrication Kate Oliver
Conception PAO Andrew O'Brien

Réalisation de l'édition française Agence Juliette Blanchot
Maquette Béatrice Lereclus
Traduction Jean-Philippe Riby

Édition originale publiée en Grande-Bretagne
par Dorling Kindersley Limited
9 Henrietta Street, London WC2E 8PS

Copyright © 2001 Dorling Kindersley Limited, Londres
Copyright © 2000 Dorling Kindersley Limited pour la traduction française
Copyright © 2000 Éditions Hurtubise HMH pour l'édition
en langue française au Canada

Dépôt légal: B.N. Québec 4e trimestre 2000
B.N. Canada 4e trimestre 2000
ISBN 2-89428-458-6
Éditions Hurtubise HMH ltée
1815, avenue De Lorimier
Montréal (Québec) Canada H2K 3W6
Téléphone: (514) 523-1523 / Télécopieur: (514) 523-9969

Tous droits réservés. Il est interdit de reproduire, d'enregistrer ou de diffuser en tout ou en partie le présent ouvrage par quelque procédé que ce soit, électronique, photographique, sonore, magnétique ou autre, sans avoir obtenu au préalable l'autorisation écrite de l'éditeur.

Photogravure Colourscan, Singapour
Impression et façonnage : L.E.G.O., Italie

Sommaire

Introduction 8

Notre belle planète 10

Un monde vivant 12

Le réchauffement climatique 14

Une journée avec un glaciologue 16

La pollution atmosphérique 18

Eau vitale 20

Inondation ! 22

Une journée avec un hydrologue 24

La pollution des eaux 26

Introduction

Vivre aujourd'hui sur Terre est fascinant. Presque chaque semaine, de nouvelles technologies nous permettent de réaliser ce qui semblait impensable auparavant. Grâce à de puissants radars et caméras installés sur des satellites en orbite autour de la Terre, nous pouvons suivre le déplacement des cyclones et photographier n'importe quel détail à la surface de la Terre (champs, forêts, bâtiments, routes, etc.) tandis que de minuscules émetteurs implantés sur certains animaux nous renseignent sur leurs déplacements et leur mode de vie. Grâce à toutes ces informations, nous en savons plus que jamais sur notre planète.

Nous découvrons ainsi que le monde est plus complexe que nous ne l'avions imaginé. Sur le sol comme dans la mer, presque toutes les formes de vie sont interdépendantes. L'ensemble de la planète constitue notre lieu de vie, et tout ce que nous pouvons faire en un endroit donné a un impact sur les êtres vivant loin de là. Nous découvrons aussi que la Terre n'est pas en aussi bonne santé qu'elle le devrait. Une grande partie est touchée par la pollution et par tout ce que nous pouvons jeter. Dans le même temps, la croissance de la population mondiale augmente rapidement, de sorte que l'homme occupe de plus en plus d'espace. Cette expansion s'accompagne d'une modification et d'une destruction des milieux

naturels. Animaux et végétaux ont de plus en plus de mal à trouver leur place. Cet ouvrage t'aidera à comprendre les problèmes auxquels est confrontée la nature. Tu y découvriras pourquoi le réchauffement climatique inquiète les scientifiques et comment l'agriculture biologique peut épargner les sols.
Même si l'on s'attaque désormais avec détermination à la plupart des problèmes d'environnement, telle la pollution des eaux, il reste encore beaucoup à faire. Concernant certaines questions comme le réchauffement de la planète ou les ressources alimentaires, les spécialistes ne s'accordent pas sur la nature des nuisances et les solutions à apporter. Cet ouvrage fait le point sur ces questions et en présente les enjeux avec clarté.

66 **Il faut trouver comment traiter les problèmes d'environnement à la racine.** 99

PROGRAMME DES NATIONS UNIES POUR L'ENVIRONNEMENT, 2000

C'est à chacun d'agir ! Dans ce livre, des actions et des attitudes t'invitent à jouer toi aussi un rôle actif. Tu y découvriras également des expériences à réaliser. Les chapitres « Une journée avec » décrivent le travail de spécialistes de différents domaines. Des lettres du monde entier témoignent de l'intérêt des jeunes pour l'environnement. En agissant maintenant, nous pouvons, tous, contribuer à sauvegarder la Terre.

NOTRE BELLE
PLANÈTE

UNE INCROYABLE VARIÉTÉ DE PLANTES ET D'ANIMAUX PEUPLENT LA TERRE. TOUS ONT BESOIN POUR VIVRE D'UN AIR PUR ET D'UNE EAU propre. Or, depuis un siècle, de nouvelles sources de pollution, entre autres le rejet de gaz toxiques des industries chimiques, contaminent l'atmosphère ainsi que les cours d'eau et les océans. C'est maintenant que nous devons prendre soin de notre planète.

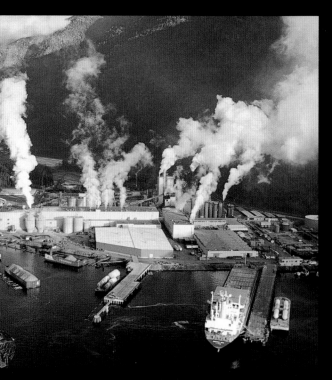

66 Nous avons hérité d'une planète de toute beauté. C'est le don de 4 milliards d'années d'évolution. Nous devons renouer avec notre conception ancestrale de la Terre comme être vivant et la traiter de nouveau avec respect. **99**

JAMES LOVELOCK
SCIENTIFIQUE ET ÉCOLOGISTE

Disparaissant dans l'épaisseur de la forêt, un arc-en-ciel marque la fin d'une averse sur l'île de Sainte-Lucie, dans les Antilles (photo de gauche). L'île a conservé en grande partie sa végétation d'origine, mais dans d'autres endroits du globe les forêts naturelles disparaissent à vue d'œil. En Colombie-Britannique (ci-contre), cette papeterie géante utilise jusqu'à 1 million de tonnes de bois par an.

Un monde vivant

Où que tu ailles sur Terre, il y a toujours d'autres êtres vivants à proximité. Certains sont bien plus gros et vivent bien plus longtemps que nous, mais d'autres sont si petits que tu pourrais en tenir des millions dans le creux de ta main. Malgré leurs différences, ils dépendent tous les uns des autres pour vivre. Ensemble, ils constituent un réseau de vie à l'équilibre fragile. Aujourd'hui, celui-ci est mis en péril, notamment par l'augmentation des pollutions. En tant que gardiens de la planète, nous devons savoir d'où viennent ces menaces pour en réduire l'impact.

L'énergie solaire

Les végétaux constituent la clé de la vie sur Terre car ils fournissent les ressources nécessaires à d'autres êtres vivants. Ces cyprès chauves, par exemple, absorbent l'énergie solaire et la convertissent en aliments. Les arbres et autres plantes rejettent ainsi de l'oxygène dans l'atmosphère, rendant l'air respirable. Sans oxygène, rares sont les organismes qui pourraient vivre.

Manger et être mangé

Les animaux, comme tout être vivant, doivent se nourrir pour vivre. Ce cervidé tire son énergie des végétaux qu'il broute. Mais beaucoup d'animaux se nourrissent d'autres animaux.

L'alimentation Les loups chassent et mangent les cervidés, lesquels se nourrissent de feuilles.

Une enveloppe vivante Ce n'est que dans une mince zone à la surface de la Terre que la vie est possible.

Un lieu de vie pour tous

L'ensemble des milieux de vie et des êtres vivants, qui constitue la biosphère, s'étend de la partie supérieure de l'atmosphère à un niveau situé très en dessous de la surface des continents et des océans. Contrairement à l'homme, nombre d'organismes vivants sont liés à un habitat naturel spécifique. Les cervidés, par exemple, habitent presque toujours les forêts alors que les ophiures, semblables à des étoiles de mer piquantes, s'établissent au fond de la mer.

Une coupe de la biosphère

Voici une coupe transversale de la biosphère avec certains de ses habitants. Ayant besoin de lumière pour assurer leur croissance, les végétaux vivent toujours en plein air. Animaux et micro-organismes (qui sont invisibles à l'œil nu, telles les bactéries) sont différents. Ils tirent leur énergie de la nourriture ou parfois de leur environnement. Ils peuvent, de fait, vivre dans un plus grand nombre d'habitats, y compris ceux qui sont en permanence dans l'obscurité.

Grains de pollen
Cette poudre produite par les fleurs permet la reproduction des plantes. Le pollen est souvent disséminé par le vent et transporté dans l'air à des kilomètres de son point d'origine : c'est la pollinisation.

Aigle
Cet oiseau vit dans des espaces ouverts comme les montagnes ou les landes. Ce type d'habitat lui convient car l'aigle s'élève très haut dans les airs pour repérer et capturer ses proies.

Digitale
Cette fleur vit sous les arbres et dans les clairières. Ce type d'habitat la protège du vent et du froid.

Labre ou vieille
Ce poisson vit parmi les algues et les rochers. Comme beaucoup de poissons côtiers, il ne quitte jamais ce type d'habitat pour des eaux plus profondes.

Ophiure
Cet échinoderme (comme l'étoile de mer ou l'oursin) vit au fond des océans, souvent à plus de 1 000 m de profondeur. À la différence de la vieille, il peut vivre dans l'obscurité totale, là où plus aucune plante ne pousse.

Bactéries
Certaines bactéries peuvent vivre dans le sous-sol jusqu'à 2 km de profondeur. Elles n'ont pas besoin de l'énergie solaire pour vivre.

Faute d'agir maintenant, 1/4 de toutes les espèces de la planète risquent de disparaître d'ici 30 ans

Il y aurait plus de 30 millions de types différents d'êtres vivants sur Terre

Un changement climatique naturel

Il y a environ 20 000 ans, vers la fin de la dernière glaciation, une grande partie de l'hémisphère Nord était recouvert de glaces, atteignant des centaines de mètres de profondeur par endroits. Elles ont disparu il y a 15 000 ans, faisant place à un paysage de toundra, balayé par les vents. Il y a environ 7 500 ans, le climat s'est réchauffé et la toundra a cédé la place à la forêt. Ces changements font partie d'un cycle naturel qui se répétera sans doute, mais nul ne sait quand.

> " La température moyenne du globe aura augmenté de 1 °C d'ici 2030. "
>
> GROUPE INTERGOUVERNEMENTAL D'EXPERTS SUR L'ÉVOLUTION DU CLIMAT, 1990

Glaces : il y a 20 000 ans   Toundra : il y a 15 000 ans

Le réchauffement CLIMATIQUE

Le réchauffement de la **planète** pourrait provoquer une **montée** de **1 m** du **niveau** des **mers** au XXIe siècle

Depuis l'apparition de la vie sur Terre, il y a toujours eu des changements de climats. Mais la plupart des climatologues s'accordent sur un point : notre planète se réchauffe actuellement de manière rapide et dangereuse, et cette fois c'est l'homme, surtout, qui en est responsable. Le soleil réchauffe la Terre et certains gaz comme le dioxyde de carbone (gaz carbonique) piègent la chaleur dans l'atmosphère. C'est un phénomène naturel appelé effet de serre. La combustion d'hydrocarbures (pétrole), de charbon ou de gaz augmente la quantité de dioxyde de carbone émis, accentuant l'effet de serre et provoquant un réchauffement trop rapide de la planète.

Climat aride et sec

L'homme peut influencer le climat de différentes manières. Dans les régions sèches comme le désert du Namib, le pâturage intensif conduit à dépouiller le sol de sa végétation. Sans plantes, le sol ne peut retenir l'eau et se réchauffe la journée. L'air devient plus sec et il pleut moins : deux conséquences qui peuvent transformer une région en désert.

S'adapter à temps

Les changements climatiques se font d'ordinaire si lentement que végétaux et animaux ont le temps de s'adapter. Le réchauffement actuel, beaucoup plus rapide, menace de faire disparaître toutes les espèces qui ne sauraient s'adapter à temps.

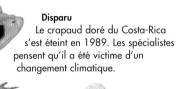

Disparu
Le crapaud doré du Costa-Rica s'est éteint en 1989. Les spécialistes pensent qu'il a été victime d'un changement climatique.

Bientôt disparus ?
Ces papillons appelés parnassiens vivent dans un milieu frais, la montagne. En cas de réchauffement de la Terre, ils devront aller plus haut pour survivre.

Forêt : il y a 7 500 ans   New York : aujourd'hui

Des signes de changement

En Grande-Bretagne, des biologistes ont découvert que le printemps est chaque année de plus en plus en avance. Certains arbres à présent font leurs feuilles 10 jours plus tôt qu'il y a 40 ans. De leur côté, les oiseaux pondent leurs œufs plus tôt dans la saison.

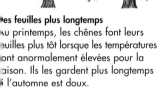

es feuilles plus longtemps
u printemps, les chênes font leurs euilles plus tôt lorsque les températures ont anormalement élevées pour la aison. Ils les gardent plus longtemps i l'automne est doux.

Des œufs plus tôt
Les pinsons pondent plus tôt lorsque le printemps est en avance.

Élévation du niveau marin

a conséquence dramatique du réchauffement de la planète st la fonte des calottes glaciaires : les glaciers des pôles se létachent par blocs qui viennent alimenter les mers en glace. orsque celle-ci fond, le niveau des océans s'élève. D'ici 00 ans, des îles basses comme les Maldives ou de grandes illes côtières pourraient être englouties sous la mer.

EFFET DE SERRE

EXPÉRIENCE

Il te faut : 2 pots en verre, 1 grand saladier transparent (en verre ou en plastique), de l'eau et plein de soleil !

Chaleur piégée dans le saladier

1 REMPLIS À MOITIÉ D'EAU chaque pot. Place les pots au soleil, sur un rebord de fenêtre (intérieur ou extérieur). Retourne le saladier sur l'un des pots. Attends 1 heure.

2 RETIRE LE SALADIER. Trempe le doigt dans chaque pot afin de comparer les températures de l'eau. Celle du pot qui a été recouvert par un saladier est plus chaude que l'autre.

Conclusion : le saladier a agi comme un piège à chaleur, en laissant passer l'énergie lumineuse mais en empêchant l'énergie thermique (rayons infrarouges) de ressortir. Le dioxyde de carbone et les autres gaz agissent de même dans l'atmosphère, provoquant le réchauffement de la Terre.

DAVID VAUGHAN PASSE LA PLUPART DE SON TEMPS DERRIÈRE UN ORDINATEUR AU CENTRE BRITANNIQUE DE RECHERCHE ANTARCTIQUE, À CAMBRIDGE. TOUS LES TROIS ANS, cependant, il abandonne son bureau pour une motoneige et se rend dans l'Antarctique. Pendant 3 mois, il vit sous tente et collecte des informations sur la couche de glace de ce continent.

DAVID VAUGHAN
GLACIOLOGUE

Une journée avec un
GLACIOLOGUE

Les données recueillies nous aident à mieux comprendre comment le changement climatique de la Terre peut toucher les glaces de l'Antarctique.

Casque, lunettes, cagoule en fibre polaire pour protéger le visage, le cou et la nuque du froid et des rayons ultraviolets

Anorak de toile

Baudrier

Vis à glace

Descendeur pour corde de rappel

Poignée Jumar autobloquante pour la descente et la remontée des crevasses

Mukluks

Aujourd'hui, David et Steve, son assistant, vont utiliser un radar de sondage terrestre pour explorer l'intérieur d'un immense glacier en progression, le Rutford.

7h00 Le réveil sonne. Malgré l'heure, il fait grand jour. Nous venons toujours sur le Rutford l'été, lorsque l'Antarctique reçoit la lumière du jour 24 heures sur 24. Le Soleil se déplace dans le ciel mais ne se couche jamais en cette saison. Comme il fait néanmoins plus froid la nuit, nous essayons de travailler aux heures habituelles. Notre première tâche en nous levant est d'allumer le poêle. Puis nous restons blottis encore un peu dans nos sacs de couchage en attendant que la chaleur vienne. Chaque matin, nous établissons un contact radio avec la base de Rothera, à 800 km de là. Nous signalons que tout va bien et communiquons notre programme de la journée. On nous transmet parfois des messages de nos familles. Sans quitter nos sacs

de couchage, nous préparons le petit déjeuner, avec thé et flocons d'avoine.

8h00 Il est temps de se lever et de s'habiller pour affronter des températures voisines de - 20 °C. Nous commençons par une couche de sous-vêtements triboélectriques, qui chauffent le corps par frottement, deux couches de vêtements en fibre polaire, un blouson molletonné et enfin un anorak de toile pour se protéger du vent. Nos bottes, particulièrement chaudes, sont des mukluks. Elles sont utilisées aujourd'hui par l'armée

La position exacte
David plante dans la glace un piquet surmonté d'une antenne GPS (système mondial de positionnement) qui enregistre sa position exacte.

canadienne, mais reprennent un vieux modèle de chaussures portées par les Inuit. Pour finir, nous mettons une cagoule (indispensable pour se protéger des UV), des gants, des lunettes de soleil et de la crème solaire à écran total.

8h30 Nous sortons de la tente. Steve enlève la bâche qui recouvrait la motoneige et prend un traîneau avec l'équipement d

Antenne GPS

Même lieu l'an prochain ?
Le piquet est installé pour 1 an dans la glace. Si celle-ci se déplace, le piquet se déplacera aussi.

Cagoule

> **La fatigue est le pire ennemi :
> si vous vous laissez aller, vous
> commettrez des erreurs qui
> pourront s'avérer dangereuses.**

Radar
Le radar de
sondage est
attaché au
traîneau.

survie. J'installe, quant à moi,
le matériel radar sur un autre
traîneau. Puis j'utilise le GPS
pour relever notre position exacte.

9 h 00 Nous quittons le
camp. Steve conduit
la motoneige en tirant deux
traîneaux, l'un avec le matériel
radar et moi-même, l'autre
avec l'équipement de secours.
Mon travail consiste à contrôler
l'appareil et à m'assurer de la
bonne qualité des données. Nous
avons établi un code de signaux
manuels que j'utilise pour signifier
à Steve qu'il faut accélérer,
ralentir ou s'arrêter. Lorsque
nous avançons, le radar donne
une image de l'intérieur du glacier.

Nous pouvons distinguer les
couches de neige correspondant
à différentes tempêtes et saisons.
Ces renseignements nous
permettent de mieux interpréter
l'âge de la glace. Nous pouvons
aussi voir les crevasses ou les
fissures. Les crevasses se forment
quand les tensions internes de la
glace sont trop fortes. Les données
radar m'aident à comprendre
ce qui conditionne la fonte du
glacier Rutford et comment ce
mécanisme pourrait évoluer.

13 h 00 Nous faisons halte pour
déjeuner. Comme nous
dépensons une grande quantité
de calories en raison du froid,
nous devons manger beaucoup
pour compenser. Pendant la pause,
nous prenons du café, des sardines
et du chocolat, très énergétique.

13 h 30 Nous reprenons le
travail. Il fait d'ailleurs
trop froid pour rester longtemps
immobile ! Cette fois, c'est moi

**Caisse contenant
10 jours de
nourriture pour
David et Steve**

**Tente résistant
aux tempêtes
de vent**

Protéger le matériel
Pour éviter que la tente
ne s'envole, on place
les caisses tout autour.

Céréales Sardines Chocolat

Bouteille
Thermos

qui conduis la motoneige. Changer
d'activité nous aide à rester en
forme et à combattre la fatigue.

19 h 00 Nous rentrons au camp.
Tandis que je fais une
copie de sauvegarde des données
recueillies, Steve prépare le dîner
sous la tente. La majeure partie

des données sont
en mémoire dans
un ordinateur spécialement conçu
pour les froids extrêmes. Chaque
soir, je copie l'ensemble des données
sur une bande magnétique et j'en
garde une copie manuscrite au cas
où je perdrais l'une des bandes.

20 h 30 Nous dînons et nous
préparons pour dormir.
La dernière chose que nous
faisons avant de nous coucher est
de découper quelques blocs de neige
pour les mettre devant notre tente.
Comme cela, nous aurons de la neige
prête à fondre le lendemain matin
pour notre première tasse de thé.

OCÉAN PACIFIQUE

...ninsule
...tarctique

MER DE
WEDDELL

ANTARCTIQUE

...lacier
...utford

OCÉAN ATLANTIQUE

...ace sur terre
...Rutford est comme un
...nvoyeur de glace géant
... plus de 300 km de long,
... 40 km de large et épais
... 1 500 m.

Glace à la mer
Chaque jour,
le Rutford avance
d'environ 1 m.

**Vêtements
et bottes
gardés au
sec pour
la chaleur**

Port de gants obligatoire . le contact des doigts
avec du métal froid suffit parfois à les geler.

Nourriture mise à l'arrière de la motoneige

Ciseau et perche pour
sonder les crevasses

La pollution
atmosphérique

L e phénomène n'est pas nouveau. Autrefois, l'air des villes était si pollué que les façades des bâtiments étaient noires de suie. Aujourd'hui, poêles et cheminées sont moins utilisés, mais de nouvelles sources de pollution ont fait leur apparition : produits dont l'utilisation occasionne des rejets de composés chimiques dans l'atmosphère ou encore ordures ménagères dont la combustion provoque des émanations toxiques Mais les plus importantes restent les combustibles fossiles (charbon, pétrole et gaz naturel) brûlés dans les centrales électriques, les véhicules ou les avions.

« Je vis aux États-Unis, à Los Angeles, une ville où il y a parfois beaucoup de smog. C'est une pollution à laquelle on ne peut pas échapper. Le smog renferme un grand nombre de substances chimiques, de poussières et autres saletés. Quand il pénètre dans les poumons, on ne peut respirer qu'une seconde avant d'avoir l'impression que l'on va tousser le reste de sa vie. Quand on court, c'est pire, car on croit qu'on ne va plus respirer du tout. Depuis que j'ai de l'asthme, je suis plus vulnérable et je sens vraiment la différence quand une alerte à la pollution est déclenchée. »

Sophia Leikin

Le smog

Quand il fait très beau, le ciel de Bangkok, en Thaïlande, est envahi par un brouillard jaunâtre et nocif, le smog, qui est issu de la réaction entre les gaz d'échappement des véhicules automobiles et la lumière solaire. Beaucoup de grandes villes ont des procédures d'alerte lorsque certains seuils de pollution sont atteints.

Pétrole vert
Le jus de canne à sucre est mis à fermenter pour donner de l'éthanol.

Les biocarburants

Pour réduire le phénomène de smog, on a créé des biocarburants moins polluants. L'éthanol en est un. Fabriqué à partir de végétaux comme la canne à sucre, il brûle proprement, en produisant du dioxyde de carbone et de l'eau. Il demeure néanmoins plus cher que l'essence.

Moteur propre
Ce bus suédois fonctionne à l'éthanol, seul ou mélangé à l'essence.

Les pluies acides

En brûlant, le charbon ou le pétrole dégagent du dioxyde de soufre, un gaz très acide. Dès qu'il arrive dans l'atmosphère, il se dissout dans des gouttes d'eau formant les pluies acides. Celles-ci nuisent à la faune et à la flore des lacs et des cours d'eau, et rongent les façades des bâtiments. Les centrales électriques récentes disposent de systèmes d'épuration pour le dioxyde de soufre, contrairement aux voitures.

gression chimique

ette statue médiévale a perdu
tête et ses bras : les pluies
cides ont lentement attaqué
pierre.

Dégradation des forêts
Les pluies acides ont modifié la chimie du sol et causé des dégâts parmi ces épicéas : ceux-ci souffrent de dégénérescence, et les jeunes pousses meurent.

EXPÉRIENCE

PLUIES ACIDES

Il te faut : 2 morceaux de craie, 2 pots en verre, un peu de vinaigre, de l'eau du robinet.

1 VERSE DE L'EAU dans l'un des pots jusqu'au tiers de sa hauteur. Verse du vinaigre dans l'autre pot jusqu'au tiers de sa hauteur également. Jette un morceau de craie dans chaque pot. Laisse reposer une nuit.

2 EXAMINE LES POTS le lendemain. Le morceau de craie resté dans le vinaigre est attaqué et dissous partiellement. L'autre morceau, demeuré dans l'eau, est intact.

Conclusion : malgré sa faible acidité, le vinaigre peut dissoudre la craie. Les pluies acides attaquent la craie, c'est-à-dire le calcaire, exactement de la même manière.

Dans les endroits roids, la **pollution atmosphérique d'hiver** se traduit par de la **neige** aussi **acide** que u **jus de citron**

La couche d'ozone

Dans la troposphère (basse atmosphère), l'ozone est un gaz dangereux. Dans la stratosphère (entre 10 et 45 km d'altitude), il forme une couche qui nous protège des rayons ultraviolets du Soleil. Depuis un certain temps, la stratosphère est attaquée par les chlorofluorocarbures ou CFC, des substances chimiques présentes dans les aérosols, les réfrigérateurs et les emballages en plastique. Un protocole d'accord international sur la réduction progressive des CFC a été signé en 1987.

Le **trou** causé par les **CFC** dans la **couche d'ozone** ne sera pas comblé avant **2050** au plus tôt

Aujourd'hui, les aérosols sont sans CFC.

Bombe aérosol
Les CFC provenant des anciennes bombes aérosol mettent un siècle à disparaître.

Les CFC s'échappent aussi des réfrigérateurs mis à la ferraille.

EAU

L'eau est une ressource précieuse. Dans certaines régions du monde, l'eau douce n'est pas toujours facilement accessible à l'homme et aux animaux. Partout, l'eau effectue un cycle permanent, appelé cycle hydrologique. Elle tombe sous forme de pluie ou de neige et coule jusqu'aux océans, à la surface du sol ou dans le sous-sol. Chaque jour, la chaleur du Soleil provoque l'évaporation de milliards de tonnes d'eau des océans. Cette vapeur d'eau forme les nuages et retombe sous forme de précipitations. Autrefois, l'homme avait un impact limité sur ce cycle, mais au cours des cent dernières années la situation a changé. Aujourd'hui, notre consommation d'eau pour les besoins privés et industriels est devenue si importante que certains endroits manquent d'eau.

> **"** Les besoins de l'humanité vont se heurter à la capacité du cycle hydrologique à fournir de l'eau. **"**
>
> ORGANISATION DES NATIONS UNIES POUR L'ALIMENTATION ET L'AGRICULTURE (FAO)

Les eaux superficielles

L'eau de cette cascade de l'Oregon, aux États-Unis, ira jusqu'à l'océan. C'est une eau superficielle, c'est-à-dire coulant à la surface de la Terre. Les eaux superficielles ou de surface comprennent les glaciers et les calottes glaciaires, les cours d'eau et les étendues d'eau. L'eau est indispensable à tous les organismes vivants, dans des processus vitaux comme l'alimentation ou la respiration.

VITALE

Long bec pour attraper insectes, escargots et grenouilles

Plumage brun permettant au râle de se camoufler parmi les roseaux

Doigts écartés empêchant le râle de s'enfoncer dans les sols marécageux

Assèchement

Un grand nombre d'oiseaux comme ce râle d'eau vivent dans les marais d'eau douce. Parfois, l'eau est détournée ou évacuée pour assécher des terrains destinés à la construction ou à l'agriculture. Les oiseaux des marais sont alors contraints de partir. Ne pouvant pas s'adapter à d'autres habitats, ils meurent le plus souvent.

Les eaux souterraines

Dans certaines régions arides, le seul endroit où l'on peut trouver de l'eau est le sous-sol. Ces femmes puisent de l'eau au Mali, en bordure du Sahara. L'eau tombe sous forme de pluie, s'infiltre dans le sol et emplit des réservoirs naturels très profonds sous terre.

États-Unis
870 000 litres

Australie
1 510 000 litres

France
815 000 litres

Kenya
86 000 litres

Consommation annuelle

Certains pays utilisent beaucoup plus d'eau que d'autres. La consommation annuelle en eau par habitant est représentée ci-dessus par les seaux. Les chiffres correspondent à l'eau utilisée pour l'alimentation, la toilette, l'agriculture et l'industrie. Par exemple, la fabrication d'une voiture, nécessite 0 000 litres d'eau.

TOI AUSSI !
ÉCONOMISE L'EAU

Prends une douche rapide à la place d'un bain.

Quand tu te laves, ne laisse pas couler l'eau inutilement.

FILTRE À EAU NATUREL

EXPÉRIENCE

Il te faut : des ciseaux, 1 bouteille en plastique, 1 compas, 1 assiette creuse, des gants de protection, 1 cuillère, des cailloux, du gravier, des gravillons, du gros sable, du sable fin, 1 pichet, de l'eau, de la terre.

1 DÉCOUPE LE HAUT de la bouteille à l'aide des ciseaux. Avec la pointe du compas, perce avec précaution 6 trous près du fond, tout autour de la bouteille.

2 POSE LA BOUTEILLE sur l'assiette. Enfile les gants et à l'aide de la cuillère, verse dans la bouteille les cailloux puis le gravier et les gravillons. Ajoute le gros sable et le sable fin.

Perce des trous avec la pointe du compas.

La terre s'accumule quand l'eau est filtrée.

3 METS UNE POIGNÉE de terre dans le pichet à moitié rempli d'eau puis verse le mélange dans la bouteille. L'eau recueillie sur l'assiette est beaucoup plus claire que celle du pichet.

gravillons

gros sable

sable fin

Conclusion : l'eau est filtrée naturellement lorsqu'elle traverse le sol.

Chaque année, surtout près des côtes, les inondations chassent environ 3 millions de personnes de chez elles.

INONDATION !

Imagine que tu as de l'eau et de la boue jusqu'à la taille tandis que tout ce que tu possèdes est emporté par les eaux. C'est ce qui se passe presque chaque semaine quelque part dans le monde. Les inondations détruisent aussi les récoltes et augmentent les risques d'épidémie. Toutefois, elles sont un phénomène naturel et peuvent être utiles. Dans les pays tropicaux comme au Bangladesh, par exemple, elles répandent du limon qui fertilise les champs. Néanmoins, leurs effets sont de plus en plus désastreux, d'une part parce qu'un nombre croissant de gens vivent aujourd'hui dans des zones exposées, d'autre part parce que l'évolution actuelle du climat mondial les rend plus terribles.

Enfoncement du sol

Les inondations ne sont pas toujours provoquées par des pluies. À Venise, en Italie, ce sont les pompages d'eau potable qui enfoncent le sol, accentuant ainsi les inondations. À marée haute, la mer envahit parfois les places, et les touristes doivent alors emprunter des passerelles de bois.

Inondations de mousson

Dans les pays proches de l'équateur, les saisons sont sèches puis humides, et non pas chaudes puis froides. En Asie du Sud-Est, la saison humide (mousson d'été) débute avec de violents orages qui peuvent déverser 300 mm d'eau par jour. Ces pluies torrentielles rendent les déplacements difficiles, notamment dans les régions basses, où les eaux s'évacuent difficilement.

El Niño

La côte ouest de l'Amérique du Sud est normalement l'une des zones les plus sèches du globe, mais tous les trois ou quatre ans, le temps change. L'océan se réchauffe, le poisson disparaît et des tempêtes inhabituelles provoquent des coulées de boue qui emportent les maisons. Cette perturbation climatique, appelée El Niño, fait partie d'un cycle naturel.

Amérique du Nord
Tempêtes sur la côte ouest des États-Unis

Amérique du Sud
Réchauffement de l'océan au large de l'Amérique du Sud pendant El Niño

Pluies dues à El Niño
Davantage de pluies sur l'Équateur et le Pérou

Les grandes marées menacent les villes d'Europe du Nord situées en zone basse.

Les crues affectent le sud-est des États-Unis.

L'Amazone ne peut être contenue lors de ses crues annuelles.

El Niño provoque des raz de marée sur la côte pacifique de l'Amérique du Sud.

Pendant la saison humide, les inondations peuvent frapper l'Afrique équatoriale.

La mousson provoque des inondations dans la région du golfe du Bengale.

Des tempêtes tropicales peuvent causer des inondations dans le nord de l'Australie.

AMÉRIQUE DU NORD

OCÉAN ATLANTIQUE

OCÉAN PACIFIQUE

AMÉRIQUE DU SUD

EUROPE

AFRIQUE

ASIE

OCÉAN INDIEN

AUSTRALIE

Précipitations annuelles

- Plus de 2 m
- Entre 500 mm et 2 m
- Moins de 500 mm

Zones à risque

Cette carte indique les précipitations annuelles. Dans les zones tropicales humides, la mousson ou les tempêtes créent des inondations. Ailleurs, ce sont des pluies torrentielles qui font sortir les fleuves de leur lit. Les tremblements de terre peuvent être aussi à l'origine de raz de marée.

Entre 1986 et 1995, les **inondations** ont été responsables de **plus** de la **moitié des décès** causés par des **catastrophes naturelles**

Endiguement

Devant l'urgence, ces Américains édifient une digue artificielle pour contenir les eaux du Missouri. Des digues permanentes peuvent contenir les crues en période normale, mais elles favorisent la montée des eaux après des pluies très abondantes. Si une digue cède, les eaux contenues se déversent brusquement sur les terres, provoquant un désastre.

Le **réchauffement** de la **Terre** provoque des **pluies** torrentielles et multiplie les **inondations**

" Je vis dans l'État d'Assam, en Inde, où il pleut énormément. Quand les fleuves commencent à monter, je n'ai plus cours, ce qui est bien au début mais lassant au bout d'un moment. Les bazars ferment aussi, si bien que ma mère doit faire des provisions de riz et de légumes. Un jour, pendant une inondation, les eaux boueuses et sales ont envahi notre maison. Ma mère, ma sœur et moi avons couru nous réfugier sur le toit, en nous abritant sous deux parapluies noirs, tandis que mon père et mon grand-père rassemblaient tout ce qu'ils pouvaient sauver et monter. J'ai eu très peur ce jour-là. "

Penaki Roy

JONATHAN DENISON
HYDROLOGUE

JONATHAN DENISON AIDE LES POPULATIONS LOCALES À AMÉNAGER AU MIEUX LES FLEUVES ET LES rivières. Il travaille en Afrique de l'Est, où les cours d'eau débordent souvent pendant la saison des pluies mais sont à sec le reste de l'année. Jonathan travaille comme conseiller pour les barrages destinés à stocker l'eau des crues afin de l'utiliser quand les rivières sont asséchées.

Vue aérienne de la zone vierge
La vallée du Zambèze, traversée par des cours d'eau en méandres, abrite des forêts riches en faune et en flore

Une journée avec un
HYDROLOGUE

Il est essentiel de concevoir des barrages et des déversoirs ayant le minimum d'impact sur l'environnement mais fournissant suffisamment d'eau pour couvrir les besoins locaux.

Les mesures
Les membres de l'équipe utilisent un matériel spécial pour mesurer les niveaux de l'eau dans la zone vierge.

Appareil photo

Matériel
Les jumelles permettent de mieux se repérer en brousse.　　**Jumelles**

Aujourd'hui, Jonathan et ses collègues étudient deux sites de captage possibles pour une conduite d'eau qui partira d'un affluent du fleuve Zambèze et rejoindra la vallée du Zambèze où un projet d'irrigation a lieu.

6 h 00 Je me lève tôt. J'ai déjà vérifié et emballé le matériel la veille au soir. Essentiel : le sac à dos contenant le récepteur GPS (système mondial de positionnement) qui m'indiquera la position et la hauteur de la rivière aux points de captage envisagés. Je recevrai les données d'au moins quatre satellites et d'une balise terrestre. L'écran du GPS affichera les coordonnées géographiques et l'altitude.

6 h 45 Je retrouve le géomètre, l'ingénieur et le spécialiste de l'environnement. Nous irons chercher le garde de la réserve plus tard. La vallée est en effet une réserve de chasse gérée selon des principes écologiques, dans laquelle il faut payer pour chasser le crocodile, le buffle et l'éléphant. Une partie de cet argent va aux communautés locales. Certains condamnent ce système, d'autres disent que c'est le seul moyen de réguler et de préserver les populations animales.

7 h 00 L'hélicoptère décolle. Comme nous sommes en plein été, nous portons une tenue de brousse (short, casquette, saharienne) et emportons des litres d'eau. Nous suivons le tracé prévu de la conduite d'eau afin de voir si sa construction n'engendre aucune nuisance pour l'environnement forestier. L'alternative serait de construire une canalisation en tunnel à travers la montagne.

8 h 00 Nous passons prendre le garde de la réserve et survolons les arbres à basse altitude, puis nous descendons dans la vallée encaissée qui serpente. À l'aide de photographies aériennes, nous guidons le pilote vers le point d'atterrissage. Puis nous marchons jusqu'au premier point de captage en suivant parfois des « tunnels » dus au passage des éléphants dans les hautes herbes. Il fait déjà très chaud et nous suons à grosses gouttes. Le GPS et des photos confirment que nous sommes bien sur le bon méandre de la rivière.

La faune
L'habitat des crocodiles et des poissons ne doit pas être endommagé par les travaux.

Alimentation en eau
L'irrigation permet de cultiver plus de produits agricoles à vendre sur les marchés.

10h00 Nous examinons le lit et les berges de la rivière et décidons du meilleur emplacement pour le déversoir. Le géomètre porte le sac avec le GPS et une petite antenne parabolique installée sur un piquet d'aluminium. Il enregistre sur un petit ordinateur les coordonnées précises des lieux que nous lui indiquons : elles permettront de dessiner la zone en amont et en aval du site prévu pour le déversoir. Nous pourrons donc ainsi calculer les cotes d'alerte en cas de crue. Je prends des photos de la zone pour compléter le dossier.

Coton

Mangue

Cultures
Les exploitants peuvent cultiver le coton ou des fruits comme la mangue.

10h30 Nous revenons à l'hélicoptère en suivant le tracé virtuel de la conduite d'eau. À une boucle de la rivière, nous nous apercevons que la rive tombe à pic et que la canalisation devra suivre un autre tracé. Nous nous éloignons de la rivière en faisant le point. Nous trouvons tous que la conduite peut passer là mais que sa construction laisserait une cicatrice dans le paysage. Elle se verrait moins peinte en vert, mais le tracé à travers la brousse, lui, serait visible. L'aménagement d'une route le long de la canalisation pour faciliter les réparations pose en revanche davantage de problèmes. L'ouverture d'une voie de circulation risque de favoriser le braconnage et la déforestation clandestine.

> *Il faut concevoir des projets adaptés à l'environnement et techniquement réalisables.*

12h00 Nous déjeunons dans la vallée. Deux membres de l'équipe, fatigués, retournent au campement par hélicoptère. Je vais avec le géomètre et le garde à l'endroit d'où il serait possible de faire passer la conduite à travers la montagne. Nous examinons le site et enregistrons des données. Je prends des photos de l'entrée possible du tunnel et fais un croquis de la zone. Certes, le tunnel perturbe moins l'environnement mais il pourrait coûter plus cher que la canalisation elle-même. L'impact des travaux de construction, en revanche, serait limité et la végétation repousserait.

15h00 Finalement, nous retournons sur le premier site et complétons nos relevés. Nous devons recueillir suffisamment de données afin d'élaborer un projet pour chacune des deux options. Alors seulement nous pourrons décider quelle solution est la meilleure en termes de coût, de délai et d'impact sur l'environnement.

19h00 Il fait noir quand nous retrouvons le 4x4. Demain, nous transférerons les données et réaliserons les plans. Il faudra encore deux mois d'études avant de savoir quelle solution retenir. A priori, le tunnel serait le plus apte à préserver la nature.

Récepteur GPS   Sac pour le GPS

Localisation précise
Le GPS portable permet de déterminer une position avec précision grâce à des signaux satellite.

Carte de l'Afrique du Sud-Est

Le Zambèze se jette dans l'océan Indien après avoir traversé la Zambie puis le Mozambique.

Eau de crue
Les hydrologues calculent le volume des crues afin que les ingénieurs puissent construire des ponts et des barrages suffisamment hauts.

La pollution *des* eaux

A près utilisation, les eaux ne disparaissent pas comme cela. Tôt ou tard, elles se retrouvent dans le cycle naturel qui les conduit à l'océan. Or ces eaux dites usées sont polluées par les déchets provenant des usines, des fermes et des habitations, dont certains peuvent être nocifs pour la faune et la flore aquatiques ou provoquer des maladies. Dans les pays industrialisés, la pollution des eaux existe depuis longtemps, bien qu'une réglementation aujourd'hui plus sévère limite les dégâts. Dans les pays en voie de développement, au contraire, la pollution augmente, et il est difficile d'y trouver des eaux propres.

Pollution chimique

Il suffit de voir cette photo pour comprendre que certaines eaux sont toxiques, non seulement à la consommation mais aussi au simple toucher. Les eaux polluées ne sont pas toujours aussi faciles à déceler. Certaines substances chimiques se dissolvent sans laisser de trace, ce qui rend la lutte contre ce type de pollution plus difficile.

Le gaz de cette bouteille est brûlé pour accélérer le processus d'extraction de l'or.

Cet homme ne porte pas de gants de protection et peut être contaminé par le mercure au simple contact du métal.

Du mercure dans l'Amazone

Ce chercheur d'or brésilien extrait de l'or en le mélangeant à du mercure. Une fois l'or purifié, le mercure est souvent jeté dans le cours d'eau le plus proche, tuant la vie aquatique et risquant d'empoisonner ceux qui boiraient l'eau.

Certains fleuves
sont si pollués
par les déchets
agricoles
et industriels
qu'on les dit
biologiquement
morts,
c'est-à-dire
ne contenant
plus aucune
forme de vie.

Marée noire

Des volontaires nettoient le pétrole qui souille une plage du pays de Galles. De telles marées noires sont mortelles pour les oiseaux. Le pétrole ou mazout colle aux plumes, et les oiseaux ne peuvent plus s'envoler ou conserver leur température corporelle.

Un oiseau peut avaler du pétrole en lissant ses plumes.

Le pétrole s'enlève avec de l'eau et du liquide vaisselle.

Pollution thermique

Les raffineries et les centrales électriques utilisent souvent de l'eau pour leurs circuits de refroidissement. Une fois utilisée, l'eau encore chaude est déversée comme ici dans un cours d'eau. La chaleur, qui réduit la quantité d'oxygène dans le fleuve ou la rivière, peut provoquer la mort des poissons.

TOI AUSSI !
ARRÊTE LA POLLUTION

Si tu vois des traces de pollution sur une plage, préviens la mairie.

Ne jette rien dans la nature.

Apporte les restes de peinture non utilisés à la déchetterie.

Chaque brin d'algue est plus fin qu'un cheveu.

Quand des millions de brins recouvrent la surface de l'eau, il y a « prolifération d'algues ».

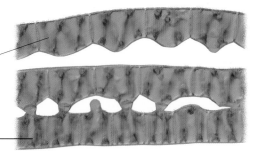

Prolifération d'algues

Des algues microscopiques, comme celles agrandies ici, se développent dans les eaux douces et ne sont pas gênantes. Mais dès que des engrais les polluent, elles se mettent à proliférer. Les algues meurent ou pourrissent en consommant de l'oxygène dont sont alors privés les autres organismes aquatiques.

PRÉSERVER
NOS TERRES

L'HOMME CULTIVE LES SOLS DEPUIS PLUS DE 10 000 ANS.
LES DÉFRICHEMENTS SUCCESSIFS ONT CHANGÉ L'ASPECT DE
NOTRE PLANÈTE. AUJOURD'HUI, NOUS AVONS PLUS QUE JAMAIS BESOIN
de terres pour satisfaire les besoins de plus en plus importants en alimentation
et en logements d'une population en forte croissance. La manière dont nous
utilisons les sols a un impact considérable sur toutes les formes de vie.

Au printemps, un immense
tapis de lupins bleus couvre les
plaines de l'ouest du Texas
(photo ci-dessus). Cette grande
prairie est un paysage naturel
qui abrite de nombreuses espèces
animales et végétales. À des
milliers de kilomètres, plus au
sud, une forêt tropicale humide a
été incendiée (photo ci-contre).
Les arbres ont été abattus
pour que le bétail puisse paître.

« Le ciel est soutenu par les arbres. Si la forêt
disparaît, le toit du monde s'écroule.
L'homme et la nature périssent alors ensemble. »

VIEUX DICTON AMÉRINDIEN

L'ÉROSION
des sols

Couverture végétale
Les racines absorbent l'eau de la couche superficielle du sol pour nourrir les plantes en surface.

Niveau du sol
On trouve de l'humus au niveau du sol, là où les végétaux morts se sont décomposés.

Nous pensons peu au sol que nous avons sous les pieds. Pourtant, c'est là que poussent les végétaux dont dépendent, directement ou indirectement, tous les organismes terrestres pour s'alimenter. Dans la nature, le sol est en permanente formation, mais subit aussi l'érosion, c'est-à-dire l'usure. Ces deux processus sont très lents, de sorte qu'ils finissent par s'équilibrer et que la quantité de sol reste la même. Mais lorsque la terre est livrée à un labourage et à un pâturage excessifs, cet équilibre est rompu : la vitesse d'érosion peut être multipliée par mille, provoquant alors la disparition des sols. L'érosion peut heureusement être maîtrisée. Compte tenu des besoins alimentaires de la population mondiale, les sols sont trop précieux pour être ainsi perdus.

Formation du sol

Le sol se forme à partir d'une couche de fragments rocheux usés et devenus friables. Les substances biochimiques fournies par les restes de végétaux et d'animaux (humus) transforment les fragments de roche en sol. Celui-ci constitue des couches. La couche supérieure, dite superficielle et appelée aussi terre végétale, est la plus fertile.

Couche superficielle du sol
La couche superficielle du sol, qui correspond à la terre végétale, est maintenue par les racines des végétaux et contient beaucoup d'humus.

Couche profonde du sol
Cette couche contient moins d'humus que la couche superficielle.

Particules rocheuses
L'humidité et la décomposition biochimique du sol fragmentent lentement la roche-mère ou substrat rocheux.

Tempêtes de poussière

Ces femmes tunisiennes avancent au milieu d'une tempête de poussière. Dans les régions arides, la couverture végétale est si rare que le sol subit l'érosion du vent. Dans celles humides, le sol est maintenu par les racines des végétaux tant que ceux-ci ne sont pas arrachés pour faire place à des cultures.

Sous-sol (roche-mère)

De 1945 à 2000, plus de 1/6 des terres fertiles ont été dégradées par l'érosion

Ravinement

Au Canada, le pâturage des troupeaux a fait disparaître la couverture végétale de ces collines. La pluie a ensuite lessivé la couche superficielle du sol, puis creusé de profonds sillons dans le terrain. Lorsque l'érosion est aussi avancée, les végétaux repoussent très difficilement.

La **nature** peut mettre plus d'**un siècle** à former **2,5 cm** de sol

Cultures en terrasses

En Asie du Sud-Est, les terrasses aménagées pour les cultures empêchent l'érosion des sols. Elles retiennent la terre quand il pleut, si bien que le sol n'est pas emporté par l'eau. Dans d'autres régions du monde, les paysans réalisent des miniterrasses en labourant perpendiculairement aux pentes.

Glissement de terrain

Après un violent orage, ce tronçon de route a été emporté par les eaux. L'érosion du sol accentue ce type de dégâts car les eaux de pluie non absorbées par le sol dévalent alors les pentes, arrachant tout sur leur passage.

En Amérique, chaque **hectare cultivé** perd en moyenne **17 tonnes de sol** par an

---

ÉROSION DU SOL

Il te faut : 1 plante en pot, 1 pot rempli de terre, 2 grands gobelets en plastique, 1 arrosoir.

3 OBSERVE L'EAU qui s'écoule. Elle passe rapidement dans le premier pot, entraînant de la terre avec elle. Dans le second, elle coule plus lentement et elle est plus claire.

EXPÉRIENCE

1 POSE LE POT rempli de terre dans l'un des gobelets, et celui contenant la plante dans l'autre.

2 VERSE DÉLICATEMENT la même quantité d'eau dans les deux pots.

Conclusion : les racines des végétaux maintiennent le sol et le protègent de l'érosion.

PROTÉGER LES CULTURES

Attaque aérienne

Volant en rase-mottes au-dessus d'un champ en Californie, un avion déverse des pesticides. Ces produits chimiques permettent d'obtenir des récoltes abondantes, mais ont des effets secondaires indésirables. Ils tuent aussi bien les animaux utiles que nuisibles, et surtout se retrouvent dans nos assiettes !

Ravageurs
Les doryphores adorent les feuilles des pommes de terre et des tomates. Les grands champs offrent des ressources alimentaires presque inépuisables à de tels ravageurs.

Larves de doryphores

La population mondiale n'a jamais été si nombreuse. Or, nous avons tous besoin de produits agricoles pour nous nourrir. Depuis 40 ans, ingénieurs et scientifiques mettent au point de nombreuses techniques pour obtenir des récoltes toujours plus belles. Désormais, des machines puissantes effectuent rapidement des travaux qui prenaient des semaines. Engrais et pesticides garantissent des rendements records.

La programmation et la sélection génétique des espèces cultivées peuvent encore augmenter les performances. Ce type d'exploitation agricole présente néanmoins de sérieux inconvénients. À la différence des techniques traditionnelles, il a des effets désastreux sur la faune et la flore sauvages, et réduit parfois la fertilité naturelle des sols.

Rat des moissons grignotant une tige

Ponte en batterie

Ces poules passeront toute leur vie dans des cages étroites, en batteries, côte à côte avec des milliers d'autres. Ce type d'élevage industriel permet d'avoir des œufs à bas prix, mais les poules souffrent, car elles n'ont pas de place pour bouger.

Faune menacée

De nombreux animaux sauvages, comme le rat des moissons, sont menacés par les techniques modernes de culture. En Europe, ce rongeur se rencontrait souvent dans les champs de céréales. Aujourd'hui, ses nids sont souvent détruits par les moissonneuses-batteuses.

Des solutions naturelles

Dans cette ferme biologique d'Angleterre, les pesticides chimiques ne sont jamais employés. À la place, on procède chaque année pour un même champ à une rotation des cultures, et on a recours à certaines plantes pour détourner les parasites des cultures voisines. Ici, des plants de moutarde, aux fleurs jaunes, éloignent les larves d'insectes des plants de pomme de terre.

L'agriculture biologique œuvre pour la nature, non contre elle

Production biologique

L'agriculture biologique ne date pas d'hier : dans certaines régions du monde, comme en Chine, elle existe depuis des millénaires. Le fumier est employé pour fertiliser le sol. Par ailleurs, les restes alimentaires servent à nourrir cochons, volailles et poissons d'élevage.

Une moissonneuse-batteuse peut récolter rapidement les céréales au moment le plus propice.

Le blé est déversé dans une remorque tractée.

Des traces de pesticides se rencontrent dans presque tous les aliments « non bio » que nous consommons

Chaque année, les agriculteurs épandent plus de 100 millions de tonnes d'engrais chimiques

Agriculture intensive

Ces champs de blé, aux États-Unis, donnent des récoltes abondantes qui permettent de nourrir un grand nombre de personnes. Mais cette agriculture intensive nuit à l'environnement. Elle repose essentiellement sur l'emploi de pesticides ou d'autres produits chimiques qui détériorent les sols. Elle est aussi grande consommatrice d'énergies fossiles comme le pétrole pour faire avancer les machines agricoles.

TOI AUSSI !
SOIS VIGILANT

Lutte contre l'emploi des pesticides en mangeant « bio ».

Évite de consommer des produits à base d'animaux élevés industriellement.

Essaie de cultiver tes propres légumes si tu as un jardin.

Cultures transgéniques

Bien que normal d'aspect, ce soja est transgénique : on lui a ajouté des gènes qui favorisent la croissance. Beaucoup de scientifiques pensent que les organismes génétiquement modifiés (OGM) permettent de produire plus sans nuire à l'environnement. D'autres, au contraire, craignent que les gènes ajoutés se transmettent à d'autres plantes dans la nature.

LARRAINE YEAGER
AGRICULTRICE BIOLOGIQUE

LARRAINE YEAGER TRAVAILLE DUR MAIS SE PLAÎT BEAUCOUP DANS SA FERME DE L'INDIANA, AUX ÉTATS-UNIS. CHAQUE SAISON LEUR APPORTE, À ELLE ET À SON MARI, SON LOT DE défis et de récompenses. Ils élèvent des poules, des chèvres, des moutons, des cochons et des vaches. Tomates, maïs et autres produits sont cultivés selon les principes de l'agriculture biologique.

Le grand jour
Babe, la truie, est surveillée de près, car elle est sur le point d'avoir ses petits.

Une journée avec une
AGRICULTRICE BIOLOGIQUE

L'agriculture biologique est un système durable qui maintient à long terme la fertilité du sol et économise les ressources de la Terre.

Maïs

Foin

Alimentation animale
Toute la nourriture destinée aux animaux est biologique.

Balles de céréales et mélasse

Aujourd'hui, Larraine et son mari se lèvent tôt. À Wellspring Farm, cette journée d'été va être chargée.

6h30 Il est l'heure de donner à manger et à boire aux bêtes. Les animaux sont logés dans la grange. Les poules ont droit à un vrai poulailler, qui comporte des boxes dans lesquels elles peuvent pondre.

8h00 Après les animaux, les plantes. Comme celles de la serre réclament davantage d'eau quand il fait chaud, je les arrose deux fois : maintenant et en fin d'après-midi. Les plantes poussent vite dans la serre, car elles bénéficient de chaleur et de lumière toute l'année. En cette saison, nous avons de la laitue, des poivrons verts, des fleurs et des herbes aromatiques.

Nous nourrissons les moutons avec du maïs et du foin, puis nous les menons brouter au pré pour la journée. Willow, notre cheval de race Morgan, aime trouver dans sa ration la mélasse qui le maintient en forme. Alors que nous portons à manger à notre truie Babe, nous constatons qu'elle est sur le point d'avoir ses petits. Elle est d'ailleurs déjà dans un enclos isolé des autres, spécialement aménagé pour les circonstances.

Semis de laitue
Ces germes de laitue seront repiqués dans le jardin plus tard.

Poivron vert

9h00 Nos deux veaux de race Holstein qui viennent de naître sont nourris au biberon plusieurs fois par jour. Ils tètent goulûment le bon lait chaud. Bientôt, ils pourront boire eux-mêmes dans un seau. Ils commencent aussi à mâcher un peu de foin. Nous ne pouvons résister au plaisir de les câliner un peu.

10h00 Il est temps maintenant d'aller voir les poules et de ramasser les œufs. Chaque poule pond en principe un œuf par jour, mais saute parfois une journée. Je remarque qu'il y en a une en train de couver. Je ne la dérange surtout pas, car les poules savent défendre leur couvée !

Poulailler
Les poules fermières ont besoin d'un poulailler où pondre et couver leurs œufs.

Poussin picorant des grains

> « Acheter des produits bio est une façon de soutenir les agriculteurs qui ont adopté des méthodes de production écologiques. »

Ramassage du foin
Le foin (herbe coupée et séchée) est stocké au sec et utilisé comme fourrage pour les animaux.

11h00 Notre jardin potager est superbe cet été. Les mauvaises herbes aussi ! J'ai recours à plusieurs techniques pour m'en débarrasser. Entre les rangées de plantations, j'utilise le motoculteur qui, tout en binant le sol, arrache avec ses lames tournantes les mauvaises herbes. Je désherbe ensuite à la main au pied des plantes, pour éviter de faire des dégâts. Nous étendons par ailleurs un épais paillage (couverture végétale) autour des plantes et entre les rangées afin d'empêcher la prolifération des mauvaises herbes et pour retenir l'humidité du sol.

12h20 Pendant la pause déjeuner, je jette un coup d'œil au catalogue de semences qui vient d'arriver. Il présente de nouvelles variétés de légumes que j'aimerais bien essayer au printemps prochain.

13h30 Nous allons voir si le champ de blé est prêt pour la moisson. Le blé est bien doré, mais les épis ne penchent pas encore. Il ne sera pas mûr avant une semaine encore. Toute l'année, nous moulons nous-mêmes notre farine et en faisons un délicieux pain complet.

14h30 La récolte a déjà eu lieu dans certaines parties du jardin. Je veux donc préparer de nouvelles cultures aujourd'hui. Nous avons une remorque pleine de fumier que nous avons mélangé à du vieux foin utilisé pour la litière des animaux. Je prends une fourche pour étaler le fumier et le foin sur la parcelle que je viens de préparer. Puis je bine de nouveau jusqu'à ce que le sol soit égalisé. J'y ferai sans doute pousser des haricots verts et j'y repiquerai des semis de laitue provenant de la serre. Les poules sont venues me rejoindre : elles adorent picorer la terre qui vient d'être retournée.

17h00 Nous avons aussi une ruche avec des abeilles, à côté du jardin. Cela facilite la pollinisation des plantes potagères (voir page 13). Environ 33 000 abeilles vivent dans cette seule ruche. Elles travaillent plus efficacement si nous leur donnons de l'eau sucrée une fois par semaine. Après avoir enfilé ma tenue d'apicultrice, mon masque de protection et mes longs gants, j'ouvre le haut de la ruche et verse l'eau sucrée dans un compartiment spécial. Les abeilles s'activent

Masque de protection

Apiculture
Parfois, les abeilles doivent être enfumées pour rester calmes.

Ruche

Enfumoir

dans la ruche, mais si elles devenaient agressives, j'utiliserais mon enfumoir pour les calmer.

19h30 Après avoir donné à manger aux bêtes, j'examine Babe. Elle commence à mettre bas. C'est une grande nouvelle. Dans l'heure et demie qui suit, elle donne naissance à ses petits. Nous les essuyons les uns après les autres et les plaçons sous une lampe à infrarouges pour qu'ils ne prennent pas froid. Il est tard quand tout est terminé, mais l'agriculture biologique se pratique à ce prix.

Wellspring Farm
La ferme de Larraine se trouve dans l'État d'Indiana, qui connaît des hivers très rudes mais des étés généralement chauds.

Chaque petit pèse environ 2,3 kg.

La tétée
Peu après leur naissance, les porcelets commencent à téter leur mère.

HABITATS *menacés*

La plupart des animaux et des végétaux dépendent d'un type d'habitat précis. Les bénitiers géants, par exemple, ne vivent que dans les récifs coralliens, et les séquoias géants, les plus grands arbres du monde, sur les pentes sèches des montagnes. Les habitats ou milieux naturels sont plus que de simples lieux de vie : ils fournissent tout ce dont les végétaux ou animaux ont besoin pour vivre. Or, partout dans le monde, ils sont menacés. Certains habitats sont détruits pour les besoins de l'agriculture, l'exploitation forestière ou les constructions. D'autres sont détériorés par le drainage, la pollution ou le changement climatique.

« Je vis en Angleterre. Grâce à *Care for the Wild*, une organisation protectrice de la nature, je parraine une éléphante, Malaika, qui a 8 ans et vit au Kenya. Elle a été sauvée alors qu'elle se trouvait sur des terres que des villageois s'étaient appropriées pour y cultiver des champs et construire des habitations. Dès que des éléphants se trouvaient sur leurs terres, les villageois ne pensaient qu'à les massacrer. Les parents de Malaika ont été tués quand elle était encore bébé. Elle a alors été transportée à l'orphelinat de *Care for the Wild*. »

Le tourisme

Le tourisme nuit aux habitats naturels. Ces touristes sont en Antarctique, l'un des endroits les plus isolés de la planète. L'Antarctique est un continent encore très propre, mais pourrait changer si davantage de monde y venait.

Les pôles

Les régions polaires sont les dernières étendues sauvages de la planète, mais même ici le milieu a changé. Des pipelines transportent du pétrole ou du gaz naturel à travers la toundra boréale. Un nombre croissant de navires chargés de passagers abordent les rivages de l'Antarctique. Plus inquiétant : le réchauffement du globe fait fondre les glaces polaires, perturbant ainsi la vie de nombreux animaux dont les manchots.

Les manchots de la terre Adélie ne peuvent vivre que dans des mers non polluées.

La protection de la nature

Accablés par la chaleur, ces lions d'Asie, très rares, vivent dans une réserve, la forêt du parc national de Gir, en Inde. Les lions dépendent du milieu forestier mais peuvent être tués à l'extérieur par les éleveurs locaux. Dans d'autres régions du monde, les agriculteurs veillent à ce qu'une parcelle de leurs terres ne soit pas cultivée et qu'elle puisse retourner à l'état naturel.

Pic dans le désert
Ce pic nord-américain niche dans les saguaros, des cactus géants qui peuvent vivre plus de 200 ans.

Les déserts

Ces plantes, dans le désert du Sonora (photo ci-contre) résistent à la sécheresse, mais elles poussent beaucoup plus lentement que celles d'autres habitats. Si elles sont endommagées par des véhicules à moteur, elles mettront des années à s'en remettre. Les animaux du désert en ont besoin pour vivre, et toute détérioration du milieu végétal les touche également.

Tortues du désert
Cette tortue rare du désert vit au sud-ouest des États-Unis et au nord-ouest du Mexique. Elle se nourrit de plantes désertiques, et sa carapace la protège de la canicule.

Les zones humides

Cette marina, en Floride, a remplacé des marécages littoraux, l'habitat naturel de l'alligator et des oiseaux limicoles (qui vivent dans la vase). Après les forêts, les milieux humides sont parmi les plus menacés de la planète. Certains ont été préservés grâce à l'établissement de zones interdites d'accès où de nombreuses espèces végétales et animales vivent sans être dérangées.

Les récifs coralliens

Sur ce récif, aux Bahamas, un sac en plastique recouvre un madrépore. La pollution est l'une des causes de la mauvaise santé des coraux. Les récifs souffrent aussi des travaux de dragage et de la pêche. L'élévation de la température des océans, qui résulte du réchauffement climatique de la planète, chasse les microalgues des récifs et perturbe un écosystème fragile.

TOI AUSSI !
DEVIENS ÉCOLOGISTE

N'achète pas de corail ni de coquillages : ils ont pu être prélevés vivants sur un récif.

Ne jette pas de détritus à la mer.

Ne traverse pas les zones interdites des réserves naturelles.

Les prairies

Autrefois, les prairies naturelles couvraient tout le Middle West américain ainsi que de grands espaces sur d'autres continents. Mais, au cours du XXᵉ siècle, la plus grande partie des prairies a été mise en culture. Les animaux de ce milieu, comme le chien de prairie, ont aujourd'hui moins d'espace pour vivre.

Le chien de prairie s'abrite dans des terriers.

Forêts en crise

Les forêts tempérées humides

Ces arbres couverts de mousse font partie de la forêt tempérée humide du nord-ouest des États-Unis. Ce milieu particulier se rencontre là où les précipitations sont très abondantes et les températures fraîches. Ces forêts primaires (d'origine) couvraient autrefois une vaste zone et abritaient des conifères géants multicentenaires. Aujourd'hui, elles ont été remplacées par des plantations où la flore et la faune sont bien moins diversifiées.

Environ **1/3** des **forêts primaires** de la planète ont été **déboisées**

Les forêts tropicales humides

L'Amazone serpente à travers la forêt tropicale humide du Brésil. Ce type de forêt se rencontre dans les régions chaudes et humides proches de l'équateur. Elle renferme une très grande diversité d'arbres, comme l'acajou ou le palissandre, et de végétaux dont certains sont encore inconnus à ce jour. Chaque arbre fournit des ressources alimentaires à de nombreux animaux, des orangs-outans aux plus petits insectes.

Les forêts contiennent plus d'organismes vivants que tout autre habitat terrestre. Elles abritent plus de 10 000 sortes d'arbres et au moins 500 000 formes animales. Cette richesse biologique est pourtant menacée par la généralisation de la déforestation à l'échelle mondiale. Le bois coupé sert entre autres à la fabrication de meuble et à la construction de bâtiments et de routes. Sur certain continents, y compris l'Europe et l'Asie, on déboise les forêts depuis très longtemps. Mais dans les régions tropicales, là où la biodiversité forestière est la plus grande, la déforestation intensive a commencé il y a moins de 40 ans. Aujourd'hui, les forêts denses tropicales disparaissent à une vitesse record.

Le bois dit « de régénération »

Ce luthier fabrique des guitares haut de gamme avec du bois de régénération. Les jeunes arbres sont en effet plantés quand les vieux sont abattus, de sorte que la production reste écologiquement viable et durable. Les riches écosystèmes des forêts tropicales humides, d'où proviennent traditionnellement les bois destinés à la fabrication d'instruments de musique, demeurent ainsi intacts.

L'abattage des arbres

Ce paysage de Bornéo a été dépouillé de ses arbres. Il est parcouru de pistes enchevêtrées et de nouvelles terrasses. Le bois tropical résiste souvent bien aux intempéries. Il est donc utilisé pour la fabrication de meubles de jardin. Plus on achète de produits réalisés dans un bois de ce type, plus les arbres des forêts tropicales sont abattus afin de répondre à la demande.

❝ Les forêts sont merveilleuses. Elles maintiennent le sol en place, régulent l'alimentation en eau et régissent le climat. ❞

PROGRAMME DES NATIONS UNIES POUR L'ENVIRONNEMENT : RAPPORT SUR LE DÉVELOPPEMENT HUMAIN, 1998

TOI AUSSI !
PROTÈGE LES FORÊTS

N'achète pas de produits en bois tropical sauf si ce bois a été exploité de manière écologique.

Recycle le papier pour sauver des arbres.

Des plantes en danger

Dans les forêts tropicales, de nombreuses plantes se fixent et poussent sur les arbres, mais sans les parasiter. Ce sont des épiphytes, qui vivent d'eau de pluie, de feuilles mortes et de poussières. Quand les forêts disparaissent, ces végétaux disparaissent aussi car ils ne peuvent vivre à terre.

Une orchidée épiphyte d'une forêt himalayenne

Des peuples en danger

La déforestation peut menacer autant les groupes humains que la nature. Cette femme appartient à l'ethnie Kayah, qui vit aux confins de la Birmanie et de la Thaïlande, une région où la forêt est menacée par l'exploitation du bois. Comme d'autres peuples des tropiques, les Kayah dépendent de la forêt pour leur subsistance. Sans elle, leur mode de vie traditionnel disparaît.

Le **Brésil** a pris des **mesures** législatives et réglementaires pour faire **reculer** la **déforestation**

ALERTE

Pendant des millions d'années, les incendies ont été des événements naturels. Un incendie naturel brûle la végétation morte, permettant ainsi à d'autres plantes de se développer. En revanche, lorsque c'est l'homme qui met le feu, intentionnellement ou par accident, l'équilibre naturel est souvent rompu. Les départs de feu involontaires résultent de feux de camp ou de mégots de cigarettes mal éteints et peuvent faire des ravages s'ils ne sont pas maîtrisés à temps. Comme ils se produisent plus souvent que les incendies naturels, la forêt a moins de temps pour se régénérer. Les feux les plus dévastateurs restent cependant les incendies volontaires destinés à déboiser : les sols brûlés sont mis en culture tandis que la faune et la flore forestières disparaissent.

Les feux de forêt

Lors d'un incendie de forêt, les flammes réduisent parfois en cendres des arbres âgés de plus de 200 ans. En général, les oiseaux et les grands mammifères échappent au feu, mais les petits animaux, surpris, sont brûlés vifs. Après un grand incendie, de nouvelles pousses apparaissent mais il faut parfois des dizaines d'années au milieu forestier pour se reconstituer.

Résistance au feu

Certaines espèces d'arbres, dites pyrophytes, résistent au feu et ne brûlent pas. Il existe même des variétés de pins qui ont besoin des incendies pour se reproduire : c'est le feu qui libère leurs graines. Quant aux plantes du sous-bois, elles brûlent au-dessus du sol mais gardent intactes leurs racines.

Animaux en péril

Les feux de forêt en Asie du Sud-Est mettent en péril les orangs-outans. Ces grands singes en voie de disparition grimpent se réfugier au sommet des arbres mais sont vite rattrapés par les flammes.

Les bulbes sont protégés sous terre.

Protection souterraine
Les érythrones d'Amérique survivent au feu, car leurs bulbes sont à l'abri des flammes.

Écorce pare-feu
De nombreux eucalyptus ont une écorce qui tombe lorsqu'elle prend feu, protégeant ainsi l'arbre.

AU FEU !

> " Les incendies sont l'un des plus grands fléaux écologiques de ce millénaire. "

KLAUS TÖPFER
DIRECTEUR EXÉCUTIF DU PROGRAMME
DES NATIONS UNIES POUR L'ENVIRONNEMENT

TOI AUSSI !
ÉVITE LES INCENDIES

Ne jette jamais par terre des bouteilles en verre qui peuvent faire loupe et provoquer un incendie.

Ne joue jamais avec des allumettes ou un briquet.

Si tu aperçois un feu, signale-le immédiatement aux pompiers.

Extinction des flammes
Pour éteindre ce feu de brousse, l'hélicoptère, en vol stationnaire au-dessus des flammes, déverse sur elles l'eau puisée dans un lac proche.

Alimentation
Le long bec du marabout ne craint rien, même s'il est en contact avec des restes brûlants après l'incendie.

Du tout cuit
Attiré par la fumée, ce marabout africain a capturé un animal qui tentait de fuir l'incendie. Quand la savane a brûlé, les marabouts cherchent parmi les herbes calcinées les restes grillés de sauterelles et de lézards.

> " Je m'appelle Sophie Vearing et j'habite Wagga Wagga, une ville de Nouvelle-Galles du Sud, en Australie. Nous avons des journées de canicule en été. De verte, l'herbe devient jaune, et il peut faire jusqu'à 44 °C. En raison du grand risque d'incendie, il est interdit de faire du feu. Mon beau-père, qui est capitaine des pompiers pour les zones agricoles, peut être appelé à tout moment. "

Sophie Vearing

Les feux de brousse
Les herbes sèches prennent feu très facilement, comme ici en Inde, et plus souvent que les forêts. Les feux de brousse ne produisent pas beaucoup de chaleur. L'herbe repousse vite car leurs racines sont épargnées par les flammes.

Rorqual bleu
Atlantique Nord, Pacifique
Nord et hémisphère Sud
10 000 individus environ
Chassé pour l'industrie baleinière

Tortue verte
Océans tropicaux
600 000 individus environ
Taux de reproduction bas
Chassée pour sa chair, sa carapace et ses œufs

Perce-oreille de Sainte-Hélène
Sainte-Hélène (Atlantique Sud)
Nombre d'individus inconnu
Déclin peut-être dû à l'introduction
d'autres animaux sur l'île

Rhinocéros noir
Afrique centrale et australe
2 000 individus environ
Chassé pour sa corne (médecine)
Habitat menacé par l'agriculture

Animaux EN DANGER

Une douzaine d'espèces d'insectes peuvent disparaître chaque jour

Partout dans le monde, la vie des animaux sauvages est de plus en plus menacée. La première tâche des biologistes est aujourd'hui de déterminer quelles espèces sont les plus en danger et de définir des mesures de protection. Un grand nombre d'entre elles sont déjà protégées par une législation interdisant leur chasse ou leur pêche, ou par des conventions internationales prohibant leur commerce. Par ailleurs, on peut sauver certaines espèces en voie d'extinction en les élevant en captivité et en les réintroduisant ensuite dans la nature. Mais la meilleure façon de sauvegarder la plupart des animaux est de préserver leur habitat naturel. Ceux qui en disposent savent se tirer d'affaire.

Des pandas dépendants

Le panda géant est le symbole même des animaux en danger. Il vit en Chine dans les forêts de bambous, abattues pour leur bois et pour laisser place aux cultures et aux constructions. Certains biologistes estiment qu'en clonant les pandas, c'est-à-dire en faisant des « répliques d'animaux existants, on pourrait sauver l'espèce. Pourtant sans les forêts de bambous, ces pandas clonés ne pourraient vivre dans la nature.

Étourneau de Bali
Île de Bali (Indonésie)
800 individus environ
Capturé pour le trafic
des oiseaux de cage

Sur liste rouge

Le suivi des espèces en danger est assuré par l'Union mondiale pour la nature. Cette organisation édite des « Listes rouges » d'espèces animales et végétales en voie de disparition. Les cinq animaux ci-contre font partie de la liste des espèces hautement menacées, la catégorie la plus en danger. Si rien n'est fait, ils pourraient bientôt disparaître.

Les vedettes

Le grand public aime les grands félins. Quand ceux-ci sont menacés, ils font les gros titres et attirent des fonds pour leur protection. C'est le cas du léopard, bien qu'il ne soit pas prêt de disparaître. En revanche, son proche parent le tigre est sur le point de devenir une espèce éteinte à l'état sauvage.

Si l'équille est menacée, le macareux devient vulnérable.

Les oubliées

Le macareux tient dans son bec les équilles, petits poissons dont il est friand et sans lesquels il ne pourrait vivre. Le sort des équilles nous indiffère, pourtant elles sont menacées par les nouvelles techniques de pêche, plus efficaces. Si nous voulons protéger les macareux, il faut aussi protéger les équilles.

La biodiversité

À l'aide d'un radeau gonflable suspendu à une montgolfière, les biologistes étudient la flore et la faune de la cime des arbres, dans une forêt d'Afrique de l'Ouest. Leur travail montrera quelles espèces animales et végétales vivent à cette hauteur et comment elles peuvent être affectées par les modifications de l'environnement. Un grand nombre d'entre elles appartiennent à des espèces inconnues.

Rats et tuataras

Le sphénodon, appelé aussi hattéria ou tuatara, est un animal singulier qui ressemble au lézard. Il a été souvent victime des prédateurs introduits en Nouvelle-Zélande, notamment les rats, qui dévorent les œufs et les jeunes. Aujourd'hui, les sphénodons ne subsistent plus que sur une trentaine d'îlots où les rats sont sous surveillance.

Depuis la disparition des dinosaures, le taux d'extinction des animaux n'a jamais été aussi fort

TOI AUSSI !
SAUVE LES ANIMAUX

N'achète aucun objet en écaille de tortue, ni aucune fourrure naturelle.

Si tu achètes un animal de compagnie, assure-toi qu'il provient bien d'un élevage.

Boycotte les spectacles avec des animaux capturés dans la nature.

STELLA NORCUP
RESPONSABLE ANIMALIÈRE

À HUIT ANS DÉJÀ, STELLA NORCUP RÊVAIT DE S'OCCUPER DES GRANDS SINGES. SON RÊVE EST DEVENU RÉALITÉ DEPUIS QU'ELLE TRAVAILLE COMME NATURALISTE-soigneuse au zoo de Jersey, siège de la fondation Durrell pour la préservation de la faune sauvage. Stella étudie et soigne une famille de cinq gorilles de plaine.

Ya Kwanza
Ce mâle à dos argenté est le chef du groupe des gorilles de Jersey. Il a été élevé en captivité au zoo de Melbourne en Australie.

Une journée avec une
RESPONSABLE ANIMALIÈRE

Les gorilles doivent être observés avec patience
et traités avec attention si nous voulons les sauver de l'extinction.

Pain complet — Carotte — Pomme

Poivron vert — Laitue

Petit déjeuner
Le premier repas de la journée doit comporter certains des aliments que les gorilles pourraient manger dans la nature.

Boisson au cassis

Ration liquide
Des boissons saines, pleines de vitamines, sont préparées deux fois par jour pour les gorilles.

Comme chaque jour, Stella nourrit et examine les gorilles dont elle a la responsabilité au zoo de Jersey. Elle accueille également les visiteurs et les sensibilise à l'urgence de préserver la faune sauvage.

8h00 Comme dans toute famille, les gorilles se disputent ou peuvent tomber malades. Ma première tâche consiste donc à vérifier qu'ils ne présentent aucun signe de maladie comme la diarrhée. Puis je prépare le petit déjeuner sous le regard de Ya Kwanza, le vieux mâle dominant du groupe. Tout en muscles,

il fait 2,10 m de haut et pèse 178 kg. Aujourd'hui, il n'a pas l'air de bonne humeur. Hlala Kahilli, l'une des femelles, et Mapema, son fils très joueur, m'observent aussi.

8h15 Le régime des gorilles est constitué d'un mélange de fruits, de légumes et de céréales. Le petit déjeuner comprend aussi du pain complet. Je nourris chaque gorille à la main et verse dans un seau une délicieuse boisson à base de lait, d'eau et de crème de cassis. Kahilh et sa fille Sakina, les deux autres femelles, sont nourries en dernier.

8h30 J'ouvre les portes, et la famille sort. C'est l'heure de nettoyer la cabane où ils dorment. J'enlève la litière, passe le jet d'eau et frotte le sol avec un produit à base végétale sans danger pour les gorilles. Je ramasse aussi quelques crottes si un contrôle sanitaire des animaux est nécessaire. Dans notre ferme biologique, tous les déchets sont « recyclés » en fumier qui servira d'engrais pour faire pousser ce que mangent nos gorilles.

Le nettoyage
Pour la bonne santé des gorilles, la litière est entièrement renouvelée chaque jour.

10h00 Les visiteurs commencent à arrive. Je réponds à leurs questions su le travail de préservation de la faune. Il est essentiel que le public comprenne bien que les gorilles constituent une espèce e danger et qu'ils sont ici pour leu sauvegarde, non pour le plaisir l'homme. Sur Terre, il y a 1 gori vivant pour 1 million d'êtres humains. Je veille en permanence à ce qu'aucun visiteur ne s'amuse à provoquer ou à nourrir le groupe. Les gorilles n'ont même pas le droit aux noix tant leur régime est strict.

10h30 Un guide-éducateur de notre fondation arrive avec un groupe de scolaires à qui il raconte comment vivent les gorilles à l'état sauvage. Il explique aussi pourquoi nous en élevons en captivité. Puis c'est l'heure de donner un petit en-cas aux gorilles avant leur déjeuner. Cette fois, je répands des grains de raisin et des graines sur le sol. Les gorilles les ramassent dans l'herbe, entre les plantations. Cela maintient leurs réflexes de recherche de nourriture comme à l'état sauvage.

Le raisin fait partie du régime des gorilles.

11h15 C'est l'heure de préparer le déjeuner des gorilles. Cette fois, c'est un repas assez léger composé de légumes et de plantes comestibles, comme le bambou que nous faisons pousser autour de l'enclos.

12h00 Le déjeuner est servi. Nos gorilles forment une famille très unie. Dans la nature, ils constitueraient un groupe social, car vivre ensemble les rend heureux. Il est par ailleurs important de veiller à ce qu'ils disposent d'un espace suffisant et de coins dans l'enclos où ils puissent s'isoler du public ou des autres gorilles. Je guette toujours leurs signes de mécontentement indiquant qu'ils n'apprécient pas quelque chose.

L'heure du repas
Répandre la nourriture par terre encourage les gorilles à la chercher. Ils grimpent aussi aux filets.

14h30 Second exposé éducatif et nouvelle distribution de graines aux gorilles. Nous expliquons toujours aux visiteurs que les gorilles sont des animaux sauvages et que nous limitons les contacts humains afin qu'ils conservent un comportement naturel. Cela facilitera leur réintroduction dans la nature.

16h00 Ya Kwanza et le groupe rentrent dîner. Cette fois, le repas comprend une portion de yaourt pour masquer le goût des médicaments et de l'huile de tournesol qui leur donne un pelage sain.

Yaourt

Quand un gorille tombe malade, nous appelons l'un de nos deux vétérinaires. Si le cas est sérieux, le gorille est transporté au centre vétérinaire du zoo, très bien équipé.

Huile de tournesol

16h30 Pendant la journée, je surveille constamment le comportement des gorilles afin de récolter des informations scientifiques sur eux. Je note toutes mes observations sur ordinateur. Elles nous aideront à comprendre le mode de vie des gorilles et à empêcher leur extinction.

66 Rien au monde ne sensibilise autant les gens que de venir voir ici un gorille de près. Ce sont les ambassadeurs des gorilles de la nature. **99**

Liens familiaux
Sakina observe son neveu, Mapema, lequel attend patiemment qu'elle veuille bien partager son repas avec lui.

Mapema est joyeux, car il sait qu'il va bientôt manger.

Southampton
ANGLETERRE
Île de Wight

M a n c h e

GUERNESEY

•Cherbourg

JERSEY
Trinity•
FRANCE

Zoo de Jersey
La douceur du climat est l'une des raisons qui ont poussé Gerald Durrell à créer ce zoo à Trinity, dans l'île de Jersey.

NOS CONDITIONS
DE VIE

LA TERRE COMPTE AUJOURD'HUI PLUS DE 6 MILLIARDS D'HABITANTS, ET CE CHIFFRE EST EN PROGRESSION RAPIDE. PLUS QUE JAMAIS, nous consommons des ressources naturelles et produisons des montagnes de déchets. Si nous voulons sauvegarder l'environnement, nous devons apprendre à consommer moins et mieux.

"Une consommation en progression constante pèse sur l'environnement : fumées et déchets polluent la planète et détruisent les écosystèmes.**"**

RAPPORT 1998 DES NATIONS UNIES SUR LE DÉVELOPPEMENT HUMAIN

Cette campagne calme et propre du nord de la France (photo principale) tranche avec le paysage des villes. Pourtant, même dans des endroits comme celui-là, le gaspillage marque l'environnement. La plus grande partie des ordures ménagères s'entasse sur des décharges (photo en encadré), constituant un risque pour les années à venir.

LA PRESSION
démographique

1804		1 milliard
1927		2 milliards
1974		4 milliards
1999		6 milliards
2050		10 milliards (prévision)

L'humanité a connu un phénomène sans précédent au cours des 100 dernières années : la population a plus que triplé. Les progrès de l'hygiène de la médecine et de l'alimentation expliquent cette croissance. Il y a actuellement 6 milliards d'hommes sur Terre, et ce chiffre augmente rapidement. D'une certaine façon, cette explosion démographique est une bonne nouvelle car l'homme n'a jamais vécu aussi vieux. Mais elle pose aussi des problèmes. En effet, chaque année, nous consommons toujours plus d'aliments, d'énergie et occupons de plus en plus d'espace.

Croissance de la population

La population mondiale augmente depuis des milliers d'années, mais l'explosion démographique (voir ci-dessus) a commencé il y a 200 ans seulement. Aujourd'hui, plus de 250 000 bébés naissent chaque jour.

« Les étrangers qui viennent à Hong Kong disent que c'est un endroit magnifique. Pour moi, c'est une grande ville bruyante et surpeuplée. Il y a tellement de monde qu'il est difficile d'y trouver un peu de calme. Le soir, lorsque c'est l'heure de dormir, mes voisins jouent au mah-jong et mettent très fort leur musique. Pendant la journée, les machines utilisées sur les chantiers proches de mon école font toujours un vacarme épouvantable. Des murs sont démolis, la terre est déplacée, sans parler du bruit assourdissant des marteaux-piqueurs. Bien que toutes les fenêtres de ma classe soient fermées, nous avons du mal à entendre notre professeur. Je trouve cela très pénible. »

Virginia Lan

L'espace urbain

Plus la population mondiale augmente, plus les gens vont dans les villes pour trouver du travail. Il n'est pas facile d'aménager l'espace urbain pour accueillir tout ce monde. À Hong Kong, des terres ont été gagnées sur la mer pour construire des bureaux et des logements, et une côte jusqu'alors préservée a été transformée en aéroport international.

L'urbanisation sauvage

Ce bidonville (*favela*) près de Rio, au Brésil, a été construit par des gens venant de la campagne. Les maisons n'ont ni l'eau courante ni le tout-à-l'égout, ce qui favorise la pollution et les maladies. Des situations comme celles-ci sont fréquentes dans les pays où la croissance démographique est très rapide.

L'exode rural

Cette ferme française en ruine est entourée de terres à l'abandon. Au XIXe siècle, 90 % de la population vivait à la campagne. Aujourd'hui, seulement la moitié y vit encore. La croissance démographique a entraîné le développement des villes et l'exode rural, c'est-à-dire le départ des habitants des campagnes vers les villes pour y trouver du travail mieux payé. Dans certains pays, l'exode rural a été si important qu'il ne reste plus assez de monde pour cultiver la terre.

Malgré l'**accroissement** de la **population mondiale**, le taux de **croissance démographique** est en **baisse**

La pollution automobile

Un échangeur autoroutier dans la banlieue de Londres. Plus une ville est peuplée, plus le trafic routier est important. Cela se traduit par une forte pollution automobile et de nombreuses voies de circulation défigurant la nature. Les transports en commun réduisent la pollution, car ils remplacent une foule de voitures.

La **croissance** démographique va probablement s'**arrêter** au XXIe siècle

La pollution par les avions

Tout le monde aime partir en vacances, surtout en avion pour des destinations lointaines. Peu de gens le savent, mais les transports aériens polluent fortement l'atmosphère. Le trafic aérien a doublé depuis 15 ans, et la pollution engendrée devient de plus en plus préoccupante. Même si les avions sont plus propres et plus performants, la pollution qu'ils provoquent ne pourra jamais disparaître complètement.

Le monde des

Attraction fatale

Nos ordures ménagères peuvent mettre la vie des animaux sauvages en danger. Attiré par l'odeur de nourriture en décomposition, cet ours explore un tas d'ordures. Il risque de se couper à des débris de verre ou de s'étouffer avec un emballage en plastique.

Le **plastique** peut être **recyclé**, mais il est souvent **jeté** **sans** avoir été **trié**

Poisons à l'air libre

Les déchets industriels sont difficiles à traiter car ils sont souvent toxiques. Ces fûts chimiques qui se sont ouverts rendent la situation encore plus alarmante. Comme leur élimination coûte cher, de tels déchets sont parfois abandonnés sauvagement et illégalement dans la nature.

Dans l'environnement naturel il n'y a pas de déchets polluants, car les matières produites et rejetées par les organismes vivants sont biodégradables et réutilisables. Dans l'environnement humain, la situation est très différente. Chacun de nous produit jusqu'à 750 kg d'ordures ménagères par an qui s'ajoutent à tous les objets dont nous nous débarrassons. Aujourd'hui, la plupart de nos déchets représentent des ressources encore mal exploitées. Le papier, le verre et les métaux peuvent ainsi être recyclés et réutilisés. De même, les épluchures de légumes et les mauvaises herbes peuvent être transformées en compost (engrais naturel) pour améliorer la fertilité des sols.

Nous devons **réfléchir** aux moyens de **réduire** nos **déchets**

Poisons sous terre

Un engin de chantier étale les détritus au milieu d'une décharge. Quand celle-ci sera pleine, elle sera recouverte de terre et soumise à une surveillance attentive au cours des années à venir. Les déchets produisent en effet des gaz inflammables et des boues polluantes.

déchets

Le tri sélectif des ordures

Ces conteneurs, aux Pays-Bas, ont une couleur différente selon leur utilisation : bleu pour le papier, orange pour les textiles, vert pour le verre et jaune pour les boîtes de conserve. Le tri sélectif accélère le recyclage tout en améliorant son rendement énergétique.

Le **papier** peut être **recyclé** jusqu'à 8 fois sans que ses fibres soient **détruites**

Le recyclage

Les déchets ménagers renferment différents matériaux recyclables. Le verre, par exemple, peut être recyclé indéfiniment car il n'a rien de biodégradable. Il en est de même pour l'aluminium utilisé dans la fabrication de canettes de boissons.

Le verre peut être sans cesse réutilisé s'il est recyclé.

Des déchets au compost

Dans cette usine française de traitement des déchets, la matière organique des déchets ménagers est transformée en compost pour fertiliser les sols. La matière organique représente près d'un quart des ordures ménagères. Elle comprend les restes végétaux ou animaux comme les épluchures de légumes et autres restes alimentaires.

TOI AUSSI !
RÉDUIS LES DÉCHETS

Trouve l'adresse de la déchetterie la plus proche.

Évite d'acheter des produits comportant des emballages inutiles.

Utilise du papier recyclé.

BILL RATHJE
RUDOLOGUE

BILL RATHJE, ARCHÉOLOGUE DE FORMATION, S'EST PRIS DE PASSION POUR LES DÉCHETS. IL EST RUDOLOGUE, C'EST-À-DIRE SOCIOLOGUE EN ORDURES MÉNAGÈRES. Dans le cadre de son projet de recherches à l'université d'Arizona, il analyse le contenu des décharges pour que nous comprenions et ne répétions pas nos mauvaises pratiques.

Décharge
Vue aérienne de Fresh Kills (Staten Island, à New York), la plus grande décharge du monde

Une journée avec un
RUDOLOGUE

Déterrer les ordures ménagères nous permet de définir
une meilleure manière de les éliminer
et d'économiser ainsi les ressources de notre planète.

Aujourd'hui, Bill et ses collègues remontent des déchets enfouis dans une décharge de New York. Ils espèrent faire l'inventaire de ce que jettent les hommes. En découvrant les nuisances des déchets d'aujourd'hui, ils peuvent suggérer comment limiter leur impact sur l'environnement.

Le forage
Équipe de forage au travail près de la tarière à godets

4h00 Je me réveille dans un motel de Staten Island, à New York, non loin de la décharge de Fresh Kills. L'équipe doit porter une combinaison en synthétique anti-éclaboussures, des bottes à bout ferré avec semelle renforcée de métal et des gants épais. Plus tard, je mettrai des lunettes et un masque de protection. Je retrouve mon équipe : Wilson Hughes, directeur adjoint, et 6 autres membres de « l'équipe A » du projet. Nous sommes rejoints par des personnes chargées de prélever des échantillons de déchets et 3 autres équipes composées de microbiologistes et d'étudiants en gestion des déchets solides.

5h30 Après avoir vérifié notre matériel, nous nous rendons à la décharge. La tarière à godets, un engin de forage impressionnant, est en place. Elle nous servira à ramener à la surface des échantillons de 1 m de diamètre dont nous allons peser, mesurer et inventorier le contenu. Wilson nous conduit jusqu'au premier site de forage.

Prélèvement d'échantillons
L'équipe est en train de prélever des échantillons.

Ordures fraîches
Le godet déverse un échantillon d'ordures extrait de la décharge.

6h00 Le conducteur de l'engin de forage tire sur un levier et les dents de graphite situées sous le godet entrent en action, attaquant la terre de couverture d'abord, puis les ordures. Godet après godet, elles sont remontées et déversées sur un remblai qui servira à reboucher le trou de forage, lequel peut atteindre 30 m de profondeur. Le conducteur arrê le forage tous les 4,50 m environ et déverse le contenu d'un godet

sur une table. Les chercheurs s'approchent des ordures fumantes pour prendre la température, effectuer un prélèvement destiné à l'analyse microbiologique et emporter une bonne pelletée de déchets. Cette dernière servira d'échantillon et sera étudiée de façon plus précise au laboratoire, en Arizona. Quand la température des ordures est élevée, cela signifie que des micro-organismes les dégradent biologiquement (biodégradation). Gavin Archer, de l'équipe A, transportera les échantillons par la route jusqu'en Arizona.

Nous avons aussi appris que dans les décharges « sèches », la quantité de papier biodégradée reste faible. En effet, à notre grande surprise, le papier représente encore de 40 à 50 % du volume des déchets, car malgré toutes les possibilités qui existent, la majorité des gens ne le recyclent pas. Une matière est dite biodégradable quand elle se décompose en restant exposée à l'humidité et à l'oxygène, deux conditions qui ne sont pas toujours remplies dans les décharges. Enfin, j'indique que nous ne savons pas ce que nous allons découvrir à Fresh Kills. D'où la raison de notre venue ici !

Situation géographique
Sur cette carte apparaît Staten Island, où se trouve la décharge de Fresh Kills.

13h00 Nous faisons une pause déjeuner après avoir rebouché le deuxième puits de forage. Nous mangeons sur place, car l'odeur que nous dégageons ne nous permet pas de déjeuner dans un lieu « public ».

13h40 Nous reprenons les forages. Alors que je cherchais un journal pour dater les déchets extraits, je reçois soudain de la vase sur moi. Nous ne sommes pas habitués à en trouver. Fresh Kills est implantée sur un ancien marais maritime : le fond de la décharge est donc humide et renferme de la vase.

16h30 Nous terminons le quatrième et dernier forage de la journée et nous rebouchons le puits. Gavin emporte les échantillons à une aire de stockage et le reste de l'équipe rentre au motel. À 18 h 00, nous sommes propres et prêts pour le dîner. L'équipe du labo reste pour préparer dans le laboratoire mobile les milieux de culture des échantillons microbiologiques. Nous espérons que notre compréhension des déchets nous permettra de réduire les atteintes à l'environnement.

Au sommet d'un remblai
Bill Rathje au milieu des ordures, à la fin d'une journée de forage riche d'enseignements

❝ Il faut avoir l'odorat peu développé et le sens de l'humour très développé quand on étudie l'impact des ordures sur l'environnement. ❞

Gants de protection
Gants très résistants pour le tri

L'inventaire des déchets
L'équipe trie et fait l'inventaire des déchets déversés sur la table.

10h00 À peine sommes-nous arrivés sur le deuxième site de forage que deux journalistes de la presse écrite et trois équipes de télévision débarquent pour 2 heures de reportage et d'interviews. Je leur explique que dans les forages précédents, nous avons remarqué que les emballages en carton ou en polystyrène expansé et les couches pour bébés représentaient moins de 3 % du volume des décharges.

Méthode de datation
L'équipe recherche des journaux permettant de dater les ordures.

Tamisage et tri
Les échantillons d'ordures sont placés sur le tamis, et toutes les particules passant à travers, appelées « fines », sont triées à la pince à épiler et à la loupe.

L'ÉNERGIE

L'énergie nucléaire

Le combustible (uranium) est descendu dans le cœur d'une centrale nucléaire française. À la différence des centrales thermiques, qui consomment des énergies fossiles, les réacteurs nucléaires ne rejettent pas de gaz et ne polluent donc pas l'atmosphère. L'uranium, en revanche, est dangereux, car même après son utilisation comme combustible, il émet des radiations mortelles qui restent actives pendant des centaines d'années.

Chaque fois que nous appuyons sur un interrupteur, nous dépensons de l'énergie. L'essentiel de l'énergie provient de combustibles fossiles comme le pétrole, le charbon et le gaz qui, bien que pratiques et économiques, polluent quand on les transporte et plus encore quand on les brûle. En les exploitant mieux, ces sources d'énergie pollueraient moins. Cependant, avec des énergies « propres » (solaire, éolienne ou hydroélectrique), la pollution pourrait être réduite encore plus.

Chaque habitant sur Terre consomme en moyenne 2 tonnes de charbon par an

L'exploitation du gaz

Cette grue qui progresse lentement travaille à l'installation d'un gazoduc en Sibérie. Ce genre de chantier détruit non seulement les habitats naturels mais fragilise également des zones en les rendant plus accessibles. Le gaz présente néanmoins un avantage : il contient peu de soufre, ce qui fait de lui l'énergie fossile la plus propre.

L'extraction du charbon

Dans cette mine australienne à ciel ouvert, d'énormes quantités de roche ont dû être enlevées pour atteindre la couche de charbon, à plusieurs centaines de mètres de profondeur. L'extraction du charbon est dangereuse et provoque la destruction des habitats naturels, arbres et autres végétaux étant arrachés et déblayés.

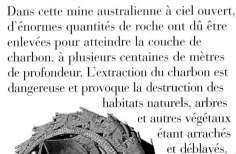

Lorsque des **combustibles** fossiles sont **brûlés** pour produire de l'électricité, plus de la **moitié** de l'énergie se **perd** en **rejets**

Environ **90 %** du **pétrole brut** de la planète a déjà été **localisé**

TOI AUSSI !
ÉCONOMISE L'ÉNERGIE

Éteins ton ordinateur quand tu ne t'en sers plus.

En hiver, habille-toi plus chaudement plutôt que de mettre plus de chauffage.

Fais la vaisselle dans une bassine plutôt que de laisser couler l'eau chaude.

Les forages de pétrole

Une pompe extrait le pétrole du sous-sol. Longtemps, les forages se sont faits à terre, jusqu'à ce que les gisements finissent par être épuisés. Aujourd'hui, une grande partie du pétrole utilisée provient de puits forés dans le sous-sol marin. Quand l'un d'eux fuit, le fond des océans est pollué, tout comme la faune et la flore côtières sont détruits quand un pétrolier s'échoue.

La plus grande partie de l'énergie utilisée par l'ordinateur se transforme en chaleur perdue.

La production d'électricité

Des centrales produisent l'électricité que nous utilisons à la maison, en classe ou au travail. Les centrales au charbon et leurs tours de refroidissement (ci-dessous) sont génératrices de pollution atmosphérique et de rejets thermiques. Celles au gaz ont un meilleur rendement et polluent moins.

L'utilisation de l'électricité

Quand on utilise son ordinateur, il est difficile de croire qu'on pollue. Allumer une lampe, décrocher le téléphone ou brancher un sèche-cheveux revient au même : tous ces appareils fonctionnent à l'électricité. Celle-ci provient très certainement d'une centrale thermique au charbon, au gaz ou au fioul, ou bien d'une centrale nucléaire.

La quantité **d'énergie consommée** par l'homme a **triplé** en tout juste **40 ans**

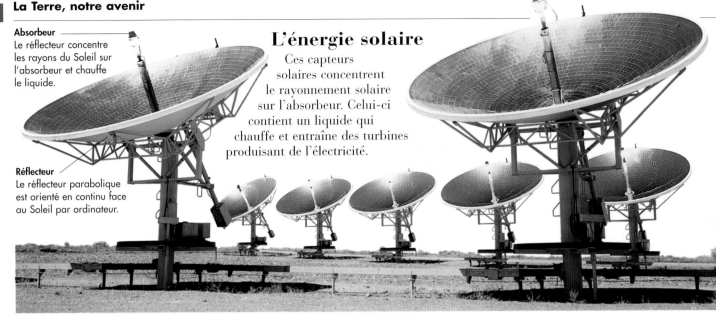

Absorbeur
Le réflecteur concentre les rayons du Soleil sur l'absorbeur et chauffe le liquide.

L'énergie solaire

Ces capteurs solaires concentrent le rayonnement solaire sur l'absorbeur. Celui-ci contient un liquide qui chauffe et entraîne des turbines produisant de l'électricité.

Réflecteur
Le réflecteur parabolique est orienté en continu face au Soleil par ordinateur.

Un avenir plus propre

En une seule journée, la Terre reçoit suffisamment d'énergie solaire pour permettre 15 ans d'activités humaines. Contrairement aux énergies fossiles ou nucléaire, cette source énergétique est renouvelable et non polluante. Aujourd'hui, seule une partie infime de cette énergie est utilisée pour les besoins humains, surtout pour des raisons de coût. Mais la technologie évolue, et les énergies dites propres sont de plus en plus abordables. Leur utilisation permettrait de résoudre de nombreux problèmes liés à la pollution dans le monde.

Éclairage solaire

Panneaux pour garder la maison au frais l'été

La maison bioclimatique

Cette maison autrichienne a été conçue pour utiliser l'énergie avec le meilleur rendement possible. L'hiver, ses fenêtres laissent entrer un maximum de soleil ; l'été, elles protègent du soleil. Les murs, bien isolés, maintiennent une température intérieure constante. Un chauffe-eau solaire fournit de l'eau chaude.

L'énergie éolienne

La production éolienne d'électricité est récente. Un parc d'éoliennes comme celui-ci suffit à alimenter une ville. Bien qu'elles soient bruyantes et enlaidissent les paysages, les éoliennes fournissent de l'énergie sans polluer.

Hydroélectricité

Près de 1/5 de l'électricité consommée dans le monde est fournie par l'énergie hydraulique : l'eau retenue derrière des barrages, comme ici au Sri Lanka, tombe d'une grande hauteur sur une turbine pour produire de l'hydroélectricité.

Impasse à saumons

L'hydroélectricité ne pollue pas mais perturbe la faune aquatique. L'aménagement hydraulique de certaines vallées a ainsi été préjudiciable au saumon, poisson migrateur, car les barrages l'empêchent de remonter les rivières jusqu'à son lieu de ponte.

Isolation des murs pour empêcher les déperditions de chaleur

Ouverture donnant au sud et laissant les rayons du Soleil entrer l'hiver

En théorie, le **vent** et les **vagues** suffiraient à fournir **toute l'énergie** dont nous avons **besoin** sur Terre

En Islande, les **4/5** des maisons sont **chauffées** à l'énergie **géothermique**

L'énergie géothermique

Dans cette centrale de Nouvelle-Zélande, la vapeur d'eau issue de roches très chaudes entraîne les turbines qui produisent ainsi une électricité non polluante. C'est l'énergie géothermique : elle utilise la chaleur interne de la Terre dans les endroits où celle-ci est proche de la surface.

ROUE HYDRAULIQUE

EXPÉRIENCE

Il te faut : 2 assiettes plates en plastique, de la pâte à modeler, 1 compas, 6 godets en plastique, de l'adhésif double-face, 1 crayon, de l'eau et 1 cuvette.

1 POSE UNE ASSIETTE sur un morceau de pâte à modeler. À l'aide du compas, fais un trou en plein centre, en enfonçant la pointe dans la pâte à modeler. Fais la même chose avec la seconde assiette.

2 AVEC L'ADHÉSIF, colle les godets tout autour de la première assiette en les espaçant régulièrement. Veille à ce qu'ils soient disposés comme indiqué ci-contre.

3 PRENDS la seconde assiette et colle-la avec l'adhésif aux godets, de manière à ce que les godets soient pris en sandwich.

4 PASSE LE CRAYON à travers les trous au centre des assiettes : la roue hydraulique est prête. Tiens-la au ras de l'eau de la cuvette, sous un robinet. Le filet d'eau remplit chaque godet, et la roue se met à tourner.

Conclusion : ce type de roue permet de transformer l'énergie hydraulique en énergie utile.

Des adresses pour agir

SI L'AVENIR DE NOTRE PLANÈTE te préoccupe et si tu souhaites en savoir plus ou agir pour la préserver, adresse-toi à des organismes spécialisés. Ils répondront à toutes tes questions et qui sait, peut-être pourras-tu, toi aussi, participer à une action locale. La liste qui suit te donne les adresses des principaux organismes français ou étrangers, avec leur site Internet.

Agence de l'environnement et de la maîtrise de l'énergie – ADEME

Cet établissement public a pour mission de préserver la qualité de l'air, réduire la quantité de déchets, maîtriser la consommation énergétique, réhabiliter les sites pollués et favoriser l'utilisation d'énergies renouvelables. Sur le site, consulte les dossiers liés à l'actualité et les chiffres du jour, comme la qualité de l'air en France.

27, rue Louis-Vicat
75015 Paris
www.ademe.fr

Agir pour l'environnement

Cette association milite sur tous les fronts écologiques et propose de nombreux dossiers sur les grands problèmes de l'environnement. Sur leur site Web, tu peux signer de nombreuses pétitions.

97, rue Pelleport
75020 Paris
www.globenet.org/ape/tcsp/transp.html

Amis de la Terre

Cette association se bat depuis 25 ans pour la protection de l'environnement, en cherchant notamment à renforcer la solidarité entre le Nord et le Sud. Quelques-unes de leurs campagnes d'action : agir pour les forêts tropicales, les organismes génétiquement modifiés (OGM), le transport aérien, etc.

2B, rue Jules-Ferry
93100 Montreuil
www.amisdelaterre.org

Association Éveil

Cette association, créée en 1993, donne de nombreuses informations claires et détaillées sur l'environnement pour comprendre les grands enjeux du monde contemporain. Sur le site, tu peux consulter les archives de leur journal.

10, quai Jean-Mermoz
78400 Chatou
www.eveil.asso.fr

BioSphère Environnement

Cette association est gérée par un groupe de biologistes. Au programme l'étude des écosystèmes naturels ou modifiés, l'étude de la faune et de la flore. De nombreux stages d'initiation et classes scientifiques sur de courtes périodes.

Place de la Poste
42111 Saint-Didier-sur-Rochefort
www.members.aol.com/BioSEnv/
BioSphereEnvironnement.html

Comment se débarrasser des déchets ?

Un site éducatif conçu pour les 8-12 ans et qui traite surtout du recyclage des déchets.

www.chez.com/armange/sommair.html

European Rivers Network – ERN

Cette organisation non gouvernementale (ONG) européenne coordonne les actions des associations locales, régionales, nationales et internationales engagées dans la lutte pour la sauvegarde des rivières et des eaux.

Elle a également mis en place un concours européen auquel participent de nombreux écoles et collèges.

c/o SOS Loire Vivante
8, rue Crozatier
43000 Le Puy
www.rivernet.org/ern_f.htm

Fondation Nicolas-Hulot
pour la nature et pour l'homme,
reconnue d'utilité publique
Cette fondation mène des actions et des campagnes éducatives comme « Ma ville, ça me regarde » et soutient des projets locaux en faveur de l'environnement. Le site Web fourmille d'infos pratiques et de chiffres chocs.

52, boulevard Malesherbes
75008 Paris
www.fnh.org<http ://www.fnh.org>

Graine Ile-de-France
Si tu habites Paris et sa région, profite des nombreuses sorties et expositions proposées par cette association et parles-en à tes professeurs.

26, avenue Gounod
91260 Juvisy-sur-Orge
www.graine-idf/org

Greenpeace France
Site de la section française de cette ONG qui milite pour la protection de l'environnement. Plusieurs campagnes actives : la protection des forêts et la lutte contre les OGM.

21, rue Godot-de-Mauroy
75009 Paris
www.greenpeace.fr

Institut français de l'environnement – IFEN
Cet institut rassemble toutes les informations (cartes, graphiques, statistiques…) du ministère chargé de l'Environnement relatives à l'air, aux sols, à la faune et à la flore… Sur le site, tu peux tester tes connaissances avec un jeu.

61, boulevard Alexandre-Martin
45058 Orléans
www.ifen.fr

Institut national des sciences
de l'Univers – INSU
Il étudie l'évolution de la planète Terre et de l'Univers, et collabore avec d'autres organismes à l'observation du climat. Tu y trouveras des dossiers complets, une photothèque, une vidéothèque.

3, rue Michel-Ange
BP 287
75766 Paris Cedex 16
www.insu.cnrs-dir.fr

Ligue pour la protection
des oiseaux – LPO
Pour tout savoir sur les oiseaux et comment sauvegarder les espèces menacées.

Cordonnerie royale
BP 263
17305 Rochefort Cedex

Ministère de l'Aménagement
du territoire et de l'Environnement
Site officiel du ministère. Des dossiers clés liés à l'actualité et toutes les actions de lutte contre la pollution. Visite l'Espace Jeunes qui répond à toutes les questions concernant l'environnement et renseigne-toi sur le plan d'action : « 1 000 défis pour ma planète ».

29, avenue de Ségur
75302 Paris Cedex 07 SP
www.environnement.gouv.fr

Office international de l'eau – OIEAU
Cette association à but non lucratif est chargée de missions d'intérêt général et déclarée d'intérêt public. Ses actions réunissent l'ensemble des organismes publics ou privés impliqués dans la gestion et la protection des ressources en eau en France, en Europe et dans le monde. Le site Web détaille les actions internationales.

Direction de la documentation
et des données
Rue Édouard-Chamberland
87065 Limoges Cedex
www.oieau.fr

Organisation nationale
des forêts – ONF
Cette organisation est très active pour la protection des forêts en France. Le site Web fait le point, photos à l'appui, sur les dommages causés par les tempêtes de décembre 1999.

2, avenue de Saint-Mandé
75570 Paris Cedex 12
www.onf.fr

Univers-Nature
Un site complet et très bien construit qui répondra à toutes tes questions en rapport avec l'environnement et l'écologie. Tu y trouveras des dossiers classés par thème, des interviews de professionnels de l'environnement, des forums de discussions, des activités (expériences, recettes, jeux…), de nombreuses pétitions et actions.

10 liéchène
77320 Sancy-les-Provins
www.univers-nature.com

Ushuaïa Nature
Le site de l'émission télévisée avec tous les reportages de sensibilisation à la nature.

www.ushuaia.com

Worldwide Fund of Nature – WWF
(Fonds mondial pour la nature)
La plus grande organisation mondiale de protection de l'environnement. Le site Web propose plusieurs programmes d'actions pour préserver les espèces en péril et protéger les habitats naturels.

188, rue de la Roquette
75011 Paris
www.panda.org/french-spanish.cfm

Index

Dorling Kindersley remercie

Sheila Hanly pour s'être mise en relation avec les experts des pages « Une journée avec » ; Amanda Carroll, Sheila Collins, Sharon Grant, Claire Legemah, Keith Newell, Peter Radcliffe et Laura Roberts pour leur aide à la conception ; Lynn Bresler pour l'index.
Andy Crawford pour les photographies des expériences et les mannequins Harriet Couchman et Dejaune Davis. Merci pour leurs lettres personnelles à :
Sophia Leiken, Panaki Roy, Sophia Vearing, Timothy Quigly, Virginia Chan.
Nous remercions particulièrement les experts de « Une journée avec » ainsi que les organismes correspondants pour nous avoir donné des photos à titre gratuit :
Jonathan Denison (hydrologue), Larraine Yaeger (agricultrice biologiste), Stella Norcup/Zoo de Jersey (responsable animalière) et Bill Rathje (rudologue).

Photographies supplémentaires :
Peter Anderson, Paul Bricknell, Geoff Brightling, Jane Burton, Philip Dowell, Frank Greenaway, Martin Kamm, Colin Keates, Dave King, Cyril Laubscher, Kenneth Lily, Bill Ling, Ian O'Leary, Jim Robbins, Tim Ridley, Karl Shone, Kim Taylor, James Stevenson, Matthew Ward (mannequin), Stephen Whitehorn, Alex Wilson, Jerry Young.

Crédits photographiques

L'éditeur remercie les personnes suivantes pour l'avoir autorisé à reproduire leurs photographies.
b = bas, c = centre, d = droite, g = gauche, h = haut

Couverture

Bruce Coleman Ltd : Bob & Clara Calhoun couv. c ; Dr Eckart Pott couv. bg. Julian Cotton Photo Library : 4ᵉ couv. cb. Science Photo Library : G. Jacobs, Stennis Pace Centre, Geosphere Project 4ᵉ couv. hg; Sabine Weiss couv. bd. Tony Stone Images : David Meunch 4ᵉ couv. cda ; Keren Su couv. bc et 4e couv. bg ; Martin Puddy rabat gauche b.

Intérieur

Austin Brown/Aviation Picture Library : 24hcd. British Antarctic Survey : 16hg, 16bg, 16bd, 16-17h, 17hd, 17bc. Bruce Coleman Ltd : David Austen 54bg ; Gerald S. Cubitt 36bg, 39cd ; John Cancalosi 37hg, 57bc ; Mark Boulton 19hg. Colorific ! : James Sugar/Black Star 31hd ; Steve Shelton/Black Star 23bd. Julian Cotton Photo Library : 14 hc ; 48-9, 56h. Sue Cunningham Photographic : 43hd. Environmental Images : Dominic Sansoni 57hc ; Herbert Girardet 29c, 56-7cb ; Irene Lengui 49hd ; John Arnould 36-7bc ; Leslie Garland 18bd ; Robert Brock 50c ; Robert Brook 27c ; Steve Morgan 15bg. Eye Ubiquitous : Bennett Dean 33hd. Fauna & Flora International : 39hd. The Garbology Project, University of Arizona : 52hg, 52cd, 52bg, 52bd, 52-3h, 53cg, 53b. Robert Harding Picture Library : 49bd. Holt Studio International : Inga Spence 33cg, 33bd ; Nigel Cattlin 32cg. Hutchinson Library : Jeremy A. Horner 32bc ; Mary Jellife 21hg. Impact Photos : Gerald Buthaud/Cosmos 40bc. FLPA-Images of Nature : David Hosking 41bd. N.A.S.A. : Finley Holiday Films 4-5.

Natural History Museum, Londres : 13bg. Nature Photographers : 21hd. N.H.P.A. : David E. Myers 13hg. Oxford Scientific Films : G.L. Bernard 35cd ; Michael Fogden 15hd ; Tim Jackson 14bd. Panos Pictures : 25hg ; Fred Hoogervest 25hd ; Marc Schlossman 25b. Planet Earth Pictures : David A. Ponton 14hd ; Doug Perrine 37hd ; John Downer 37bd ; Jonathan Scott 36c ; Richard Matthew 43c ; Robert A. Jureit 38hd. Rex Features : Alexandra Boulant 51hg, 51hd. Science Photo Library : Catherine Pouedras 54hg ; Eye of Science 13hcd ; G. Jacobs Stennis Space Centre 22-23hc Jeff Lepore 40hg ; Kaj R. Svensson 31hg ; Martin Bond 33hc ; Michael Marten 46 ; Michael Martin 7hd ; Sabine Weiss 30bc ; T. Stevens & P. McKinley, Pacific Northwest Laboratory 13bc ; Tom McHugh 19c ; Weiss, Jerrican 19b. Still Pictures : Adrian Arbib 22bg ; Fritz Polking 24hd ; Joe St Leger 40-41 ; John Maier 26bg ; John Paul Kay 32h ; Klein/Hubert 40bd ; M. & C. Denis-Huot 41cd ; Mark Edwards 31c ; Norbert Wu 37cg. Tony Stone Images : 2-3 (pages de garde), 67h, 43cg, 62-3 (pages de garde) ; Ben Osborne 27h ; Billy Hustace 52bc ; Bob Kinst 6hg ; Bob Krist 10 ; Brian Mullenix 20-21 ; Charles Krebs 15hg ; David Meunch 12hg ; David Woodfall 26-7c, 47 ; Ed Pritchard 18hg, 49c ; Frans Lanting 39hg ; Jacques Jangoux 38-39b, 58-9 ; James Randhlev 37hc ; Jeremy Walker 54-55g ; John Lamb 48-9b ; Johnny Johnson 57cg ; Keren Su 42bg ; Larry Golstein 9-10b ; Martin Puddy 22-23c ; Michael Javorka 28-29h ; Nick Vedros 50-51b ; Sandra Baker 55cg. Topham Picture Point : 54cd ; UNEP/Daniel Frank 49hg.